첫 1년 움직임의 비밀

평생을 좌우하는 영유아기 움직임 발달

첫 1년 움직임의 비밀_ 평생을 좌우하는 영유아기 움직임 발달

마리안 헤름센-판 완로이 지음 하주현 옮김

1판 1쇄	2024년 1월 15일
2쇄	2024년 6월 15일
3쇄	2024년 8월 30일
4쇄	2024년 9월 12일

펴낸이 [사] 발도르프 청소년 네트워크 도서출판 푸른씨앗

편집 백미경, 최수진, 안빛 | **디자인** 유영란, 문서영
번역 기획 하주현 | **마케팅** 남승희, 이연정 | **운영지원** 김기원
등록번호 제 25100-2004-000002호 **등록일자** 2004.11.26.(변경 신고 일자 2011.9.1.)
주소 경기도 의왕시 청계로 189 **전화** 031-421-1726 **페이스북** greenseedbook
카카오톡 @도서출판푸른씨앗 **전자우편** gcfreeschool@daum.net

www.greenseed.kr   @greenseed-book

값 18,000원
ISBN 979-11- 86202-75-3 (03590)

평생을 좌우하는 영유아기 움직임 발달

첫 1년 움직임의 비밀

아기의 성장은

꽃봉오리에서 꽃잎이 벌어지는 과정과 같습니다.

한 장씩 차례차례 피어납니다.

우리 멋대로 때 이른 꽃잎을 잡아당겨 펼치는 건

자연스러운 성장을 방해하는 행동으로

꽃은 본래의 아름다움을 잃은 채 일그러지고 말 것입니다.

감사의 글

『첫 1년 움직임의 비밀』4판 출간을 함께 한 딸 라이니Lainee에게
특별한 감사를 전합니다. 제 생각을 이해하려 인내심을 갖고 노력하고
그것을 글로 옮겨 주면서 책을 완성하는 데 크나큰 도움을 주었습니다.
또 미적 안목으로 표지에 현대적 감각을 더해 주었습니다.

넬슨 출판사Printhouse Nelson 직원들, 특히 저의 모든 작업을
한결같이 지지해 주신 데니스 톰스Denise Tombs와
토니 우달Tony Woodall에게 깊은 감사를 드립니다.

차례

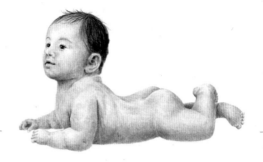

들어가는 글

이 책은 수많은 부모와 동료, 그 외 많은 이의 요청에 따라, 관련 분야에 종사하는 사람들, 특히 부모들에게 영유아의 성장 발달 과정을 알려드릴 목적으로 집필하였습니다.

영아기 운동 발달(움직임 발달) 과정에 대한 정보는 알려진 바가 많지 않습니다. 그러다보니 부모나 양육자가 아기를 연령에 맞지 않는 자세로 지내게 하는 경우가 많습니다. 이는 결과적으로 아이들이 타고난 잠재력을 온전히 펼치기 어렵게 만드는 방해물로 작용합니다.

유아 용품을 제작하는 사람들 역시 올바른 정보 부족 때문에 아기 발달에 유익하지 않거나 경우에 따라서는 해를 끼칠 수도 있는 장난감과 유모차 같은 제품을 만들고 있습니다.

저는 부모와 사회가 이 책에서 개괄한 정보를 잘 이해하면 우리 아기들을 더 잘 키울 수 있다고 진심으로 믿습니다. 흔히 알고 있는 정보와 다른 부분도 있고, 이견이 있는 부분도 있을 것입니다. 다른 아동 발달 서적이나 아동 건강 전문가의 주장과 상반될 수도 있습니다.

이 책에서 제안하는 내용이 우리에게 익숙한 기존 통념과 다른 탓에 부모들이 새로운 생각을 실행에 옮길 때 어려움을 겪을 수 있습니다. 주변 여건이 가로막는 경우도 많을 것입니다. 아기를 바닥에 눕히는 것이 불가능한 상황도 있고, 이상하게 보는 주변 사람들의 시선에 머뭇거리게 될 수도 있습니다.

이 책에 담긴 정보의 근거는 제가 35년 동안 3,000명 이상의 영유아를 만나 작업한 경험입니다. 헝가리의 소아과 의사 에미 피클러Emmi Pikler 박사와 독일 뮌헨에 거주한 체코 출신 소아과 의사 바츨라프 보이타Vaclav Vojta의 연구도 이 책의 내용을 뒷받침합니다.

이 책은 아기가 발달 단계에서 어떤 동작들을 자발적으로 수행하는지, 그리고 우리 양육자들이 어떻게 그 움직임들이 적절한 단계에서 일어나도록 도울 수 있는지 설명합니다.

아기들에게 움직임을 가르칠 필요가 없음을 이 책이 독자들에게 명확히 전달할 수 있기를 희망합니다. 우리가 개입할 때보다 아기들에게 맡겨 놓을 때 훨씬 잘 성장한다는 것을 수십 년 동안 무수히 많은 사례를 통해 반복해서 확인해 왔습니다. 우리는 그저 아직 준비되지 않은 단계로 아기들을 성급하게 몰아대지 않고, 자기 속도에 맞춰 발달 이정표를 넘어설 수 있는 여건을 마련해 주기만 하면 됩니다.

사람들에게 이런 얘기를 하면 "아니에요, 저는 아이를 재촉하며 키우지 않아요."라며 손사래 치지만, 돌아서서는 기구를 이용해 아기를 앉히고 손을 잡아 주며 두 발로 서게 합니다. 양육자는 다른 부모가 양육하는 방식이나 공동체에서 일반적 관습이라 여기는 행동에 많은 영향을 받습니다. 하지만 불행히도 오늘날의 양육 습관은 아기들에게 발달 이정표를 '가르쳐야' 한다는 믿음에서 나온 것이 많습니다. 저는 이 책이 그 물길을 되돌리는 데 일조할 수 있기를 희망합니다.

제 오랜 경험에 따르면 올바른 움직임을 올바른 순서로 거치기만 하면 발달 이정표를 평균보다 조금 늦게 도달하는 것 자체는 전혀 걱정할 문제가 아닙니다. 18개월에 걷기 시작한 아이가 12개월에 걷기 시작한 아이와 비교할 때 더 뛰어나지 않을 수는 있어도 전반적인 발달에서는 아무 문제없이 잘 성장하곤 합니다.

하지만 올바른 운동 발달 단계를 생략하거나 건너뛴 아이는 나중에 그 영역과 관계된 문제를 균형감각 문제나 나쁜 자세, 학습 장애 등의 형태로 겪게 될 가능성이 높습니다.

저는 이 책이 사람들에게 아기가 어떤 과정을 거쳐 성장 발달하는지 그리고 운동 발달이 적절하고 올바르게 일어나도록 도와주는 것이 왜 중요한지를 조금이나마 알릴 수 있기를 희망합니다.

근육의 균형과
신체의 4가지 축

굽힘근과 폄근의 조절

굽힘근(굴근)은 대개 신체 전면부에 위치합니다. 몸을 구부리는 동작을 가능하게 만드는 근육들입니다.

폄근(신근)은 신체 뒤쪽에 위치하며, 몸을 쭉 뻗거나 펴게 해 줍니다.

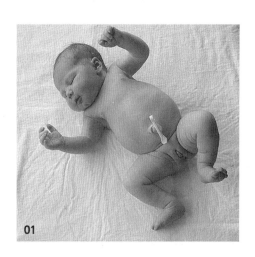

01

근육의 균형이란 굽힘근과 폄근이 잘 협력하며 조절되는 상태를 의미합니다. 근육이 균형 상태일 때 모든 신체 움직임이 안정적으로 진행됩니다.

신생아를 등이 바닥에 닿도록 눕혔을 때는 움직임에서 안정감을 전혀 찾아볼 수 없습니다.사진 01 처음에는 폄근이 강하지만 차츰 굽힘근이 발달합니다. 굽힘근이 발달하면서 작고 연약한 아기 신체에 조금씩 자세 안정성이 생겨납니다. 생후 3~4개월

안에 아기는 등을 대고 누운 자세를 안정적으로 유지할 수 있게 됩니다. 이는 굽힘근과 폄근 사이의 근육 균형이 발달한 결과입니다. 사진 02

신체를 안정적으로 유지하는 법을 터득한 아기는, 이제 머리를 돌리지 않고도 눈을 움직일 수 있고 소리 자극에 더 효율적으로 반응할 수 있습니다. 주변 환경에 집중하는 힘도 커집니다.

자세가 안정되면서 아기는 두 손을 한데 모으거나 손을 입으로 가져오는 놀이를 하며 자기 손을 체험하기 시작합니다. 다리를 들어올리기도 합니다. 하지만 이 단계에서는 어떤 자극이 조금이라도 과도해지면 이전의 뻗기 단계(다리를 쭉 뻗고 등이 활처럼 뒤로 휘어진 자세 사진 03)로 퇴행할 수 있습니다. 아기가 이런 자세를 취한다면 지나친 자극을 받았다는 의미로 생각해 볼 수 있습니다. 생후 3개월까지 다음과 같은 원인으로 이런 상태가 발생할 수 있습니다.

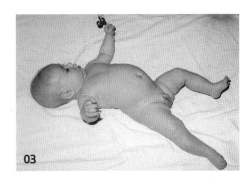

- 지나친 소음
- 지나친 시각 자극
- 간지럼 같은 부적절한 촉각 자극
- 모빌 매트(107쪽 참고)
- 손에 장난감 쥐어 주기

신생아에게는 고요한 환경이 훨씬 유익합니다. 생후 첫 3개월 동안 아기가 근육의 균형을 발달시키도록 돕는 방법은 43쪽 '이렇게 해 주세요'에서 소개합니다.
생후 초기 3~4개월 이후에도 근육의 균형은 계속 발달합니다. 아기는 굽힘근과 폄근의 조절 상태를 유지하면서 더 많은 일을 하는 법을 배워 나갑니다.

양육자는 아기가 근육의 균형을 잃어버린 상태인지, 아니면 아직 그 단계에 도달하지 못한 것인지 구분할 수 있어야 합니다. 발달 이정표를 외부의 도움으로 넘어간 아이들, 예를 들어 자기 힘으로 일어나 앉을 능력이 생기기 전에 자주 앉혀 놓았던 아이들은 근육의 균형이 올바르게 발달하지 못할 위험이 큽니다. 근육의 불균형은 유전되는 경향도 있습니다. 부모나 가족 구성원이 근육 불균형이면 아이도 같은 문제를 가질 가능성이 높습니다. 병을 앓았던 경험이나 다운 증후군 같은 요인도 근육 불균형의 원인으로 작용할 수 있습니다.

아기의 근육 조절이 올바로 발달하고 있는지를 부모가 잘 알아보지 못할 수 있습니다. 천만다행으로 양육자의 잘못에도 불구하고 아이들 대부분은 자연적으로 올바른 근육 균형에 도달합니다. 하지만 우리가 아기들의 발달 과정을 제대로 이해하면 그 자연스러운 과정을 적절하게 촉진하고 도와줄 수 있습니다.

이 책에서 소개하는 단순 명료한 지침을 따르면 아기가 올바른 근육 균형을 키우게 할 수 있습니다. 잊지 마세요. 발달 이정표는 가르치는 것이 아닙니다! 아기가 자기 속도로 자라도록 기다려 주어야 합니다.

4가지 신체축

신체가 회전 운동을 할 때 그 중심에 존재한다고 가상하는 직선

가로 축

세로 축(중심선)

두 대각선 축

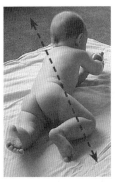

엎드린 상태의 대각선 축

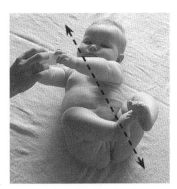

등으로 누운 상태의 대각선 축

1. 가로 축
2. 세로 축(중심선)
3. 첫 번째 대각선 축
4. 두 번째 대각선 축

가로 축과 세로 축의 발달

첫 번째로 발달하는 것은 가로 축과 세로 축을 중심으로 하는 움직임입니다. 이 움직임 발달은 아기가 등을 대고 누워 있는 시기에 일어납니다.
가로 축과 세로 축 중심의 움직임은 대칭적입니다. 신체의 위아래나 좌우가 동일한 방식으로 움직이는 것을 말합니다.

출생 후 초기 단계의 아기는 이러한 신체축의 움직임이 전혀 조절되지 않은 상태입니다.사진 01 머리를 좌우로 움직이는 법을 배운 뒤에, 차츰 머리를 중심선에 두고 유지하는 법을 터득해 나갑니다. 동시에 약간 뒤로 휘어진 상태였던 등이 곧게 펴지기 시작합니다. 그러면 누워 있을 때 바닥에 등을 내

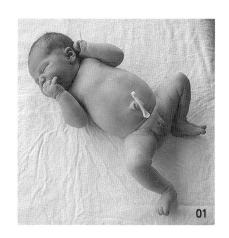

01

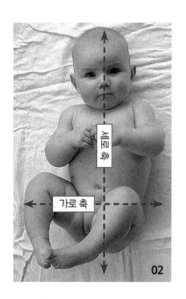

세로 축

가로 축

02

려놓고 기댈 수 있습니다. 허공에서 허우적거리던 팔을 어깨 앞으로 가지고 와서 두 손을 한데 모을 수 있게 됩니다.(세로 축)사진 02

지금까지는 의도대로 통제하지 못하고 다리를 제멋대로 버둥거리도록 내버려두었지만, 이제는 양발을 동시에 바닥에서 떼고 두 무릎을 들어 올린 자세를 취할 수 있습니다.(가로 축)사진 02

이것이 가로 축과 세로 축을 중심으로 대칭 움직임이 발달하는 첫 단계입니다. 굽힘근과 폄근 사이의 근육 균형이 발달하는 출발점이기도 합니다.(16쪽 참고) 이 단계까지 오는데 3~4개월 정도가 걸리며, 가로 축과 세로 축 움직임 발달은 이후로도 계속 이어집니다.

이 단계에서 아기들이 자발적으로 수행하는 움직임이 아닌 자세나 동작을 유도해서는 안 됩니다. 그런 움직임은 대개 아기가 이제 막 습득한 근육 균형을 잃어버리게 만드는 원인으로 작용합니다.

사진 02와 같은 자세 안정성을 획득하고 나면 양방향 대각선 축을 중심으로 한 발달을 시작할 차례입니다. 생후 4개월 무렵이면 자연스럽게 이런 움직임을 시작합니다. 그렇다고 대칭 움직임 발달이 끝난 것은 아닙니다. 대칭 움직임은 적어도 생후 7개월까지, 등을 바닥에 대고 누운 자세에서 계속 발달하다가 마침내 발을 입으로 가져가는 데 성공합니다.('6~9개월까지' 참고)

이 단계가 지나면 아기는 더 이상 등을 대고 누워 있는 것을 즐기지 않을 것입니다. 앞으로 어떤 동작을 해도 자세를 유지할 수 있을 정도로 굽힘근과 폄근의 근육 균형(16쪽 참고)이 충분히 발달한 상태로 접어들었기 때문입니다.

생후 3개월 발달이 완료되기 전에는 주의가 흐트러지는 즉시 굽힘근과 폄근 조절을 상실합니다.(16쪽 참고) 생후 7개월 발달을 완료한 뒤에는 아무리 강한 자극이 와도 조절 능력을 잃지 않을 정도로 굽힘근의 제어력이 강해집니다.

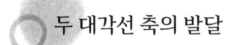

두 대각선 축의 발달

대각선 축의 발달은 아기가 등을 대고 누워 있을 때부터 시작합니다. 양쪽 대각선 축을 중심에 둔 움직임은 좌우를 교대하는 방식으로 일어납니다. 한 팔을 올리면 다른 팔은 내려가는 식으로 신체 좌우측 움직임이 반대로 진행되는 것입니다.

수평 축과 수직 축 중심의 대칭 안정성이 충분히 발달하고 나면(22~23쪽 참고) 이제 아기는 대각선 축 중심의 좌우 교대 움직임에 도전하기 시작할 것입니다. 이제 막 습득한 굽힘근과 폄근의 균형(16쪽 참고)을 유지하면서 새로운 움직임을 시도하는 것이 아기에게 쉬운 일은 아닙니다.

아기는 신체 나머지 부분의 균형을 유지하면서 머리를 한쪽으로 돌릴 수 있습니다. 사진 01

한쪽 팔을 몸통 너머로 뻗으면서 머리를 돌리고 어깨를 들어 올린 채 척추를 회전시키는 동작도 시도합니다. 상체는 회전하지만 다리와 골반은 굽힌 상태로 제자리에 가만히 있을 것입니다. 사진 02

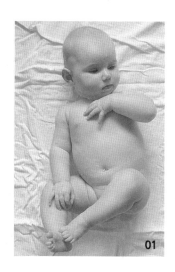

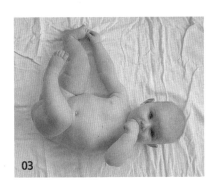

머리와 어깨를 제자리에 둔 채 척추 회전을 이용해서 두 다리를 한쪽으로 돌리기도 합니다.사진 03

등을 대고 누워 있다가 옆으로 돌아 눕는 법을 배우기 시작합니다. 처음에는 돌아 누울 때 두 다리를 모두 구부리지만(굽히기사진 04) 일단 옆으로 누웠으면 바닥에 깔린 고관절을 펴야(뻗기사진 05) 몸을 조금 더 앞으로 굴릴 수 있음을 발견할 것입니다.

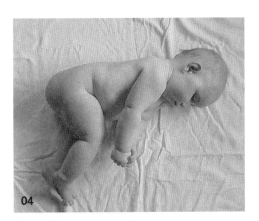

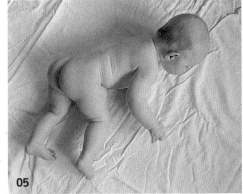

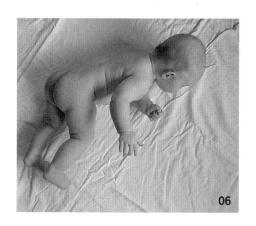

이제 누운 쪽 팔꿈치에 지탱해서 몸을 들어 올리는 동작을 연습합니다.사진 06 어느 순간 아기는 배가 바닥에 닿도록 완전히 몸을 뒤집는 데 성공할 것입니다.

처음에는 한쪽 방향으로만 뒤집는 경우가 많습니다. 이때 적절한 자극을 주어 아기가 반대 방향으로도 뒤집기를 배우게 해 주어야 합니다. 그래야 양쪽 대각선 축이 고르게 발달할 수 있습니다.

뒤집기 단계 이후에도 아기는 계속해서 새로운 움직임을 시도하고 배워 나갑니다. 이 시기에 연습하는 것은 대부분 좌우 교대 움직임이지만, 신체 안정성을 유지하기 위해서는 굽힘근과 폄근 균형이 전제되어야 합니다. 이에 관해서는 앞에서 자세히 설명했습니다.

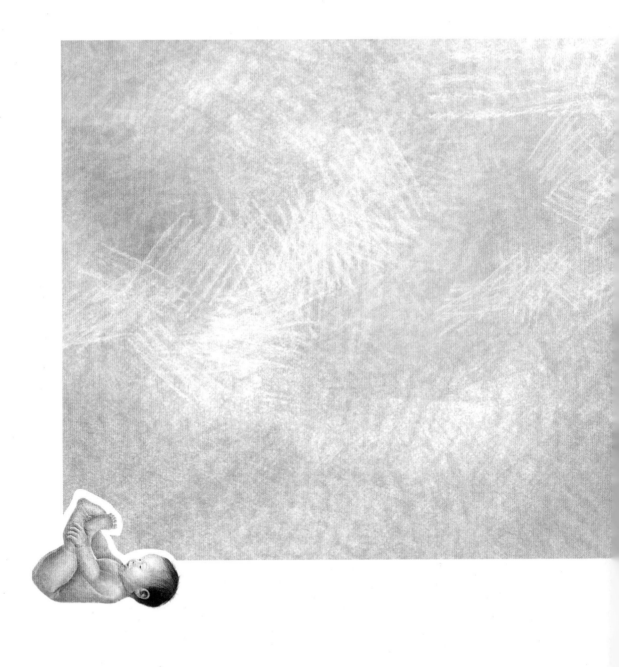

시기별 아기의 발달과 움직임

신생아

드디어 아기를 눈으로 보고, 만지고, 먹이고,
안고 업어 줄 수 있습니다.

신생아가 깨어 있는 시간은 짧습니다. 그중에서도 씻거나 기저귀를 갈거나 젖을 먹거나 안겨 있지 않은 시간은 더욱 짧습니다. 그 짧은 순간에 아기에게 필요한 자세는 딱 두 가지뿐입니다. 하나는 등을 대고 누운 자세이고 다른 하나는 배를 대고 엎드린 자세입니다.

등으로 누운 자세

신생아는 베개나 쿠션 없이 탄탄하고 평평한 바닥에 눕혀야 합니다.사진 01 등을 바닥에 댄 자세로 눕히면 신생아는 자동적으로 팔다리를 사방으로 뻗고 움직이는 동시에, 머리를 한쪽으로 돌린 비대칭 자세를 취할 것입니다. 아기가 머리를 주로 한쪽 방향으로만 돌리는 것은 흔한 일이지만, 양육자는 반드시 양쪽 방향으로 고르게 머리를 돌리도록 자극해 주어야 합니다. 말을 걸거나 보고 들을 수 있는 무언가를 이용해서 아기가 규칙적으로 머리를 반대 방향으로 돌리게 해 줍니다. 아기를 재울 때도 머리를 양쪽으로 번갈아 가며 돌려 눕혀야 합니다.

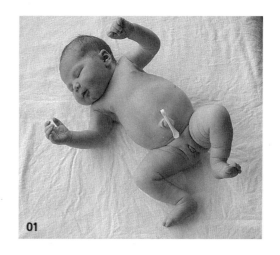

신생아는 '쥐기 반사' 때문에 대개 주먹을 쥐고 있지만 가끔씩 펼 때가 있습니다. 이때 아기 손에 물건을 올려놓아서는 안 됩니다. 쥐기 반사를 자극하고 강화시키기 때문입니다. 쥐기 반사가 감소해야 아기는 주먹 쥔 손을 펼 수 있습니다.

신생아를 안을 때는 언제나 아기가 팔 안에서 완전히 눕게 해 주어야 합니다. 트림을 시키기 위해 허리를 세워 줄 때는 당신의 어깨 위에 기대 놓거나 무릎으로 잘 받쳐서 앉은 자세를 안정적으로 만들어 주어야 합니다.

배를 대고 엎드린 자세

신생아를 베개 없이 단단하고 평평한 바닥에 엎어 놓고 스스로 편안한 자세를 찾도록 놔둡니다.**사진 02** 아기가 좋아하는 한도 안에서 하루에 한 번씩 아기를 엎어 놓습니다.

바닥이나 탁자 위에 신생아를 이렇게 엎어 놓을 때 팔을 앞으로 빼 주어서는 안 됩니다. 스스로 움직여서 자세를 찾으려는 자연스러운 충동을 방해하기 때문입니다. 팔을 앞으로 뻗는 것은 생후 3개월 이후의 아기가 취할 수 있는 자세입니다. 신생아에게는 매우 불편한 자세이며, 배를 대고 눕혀 놓을 때 아기가 우는 원인으로 작용하는 경우가 많습니다.

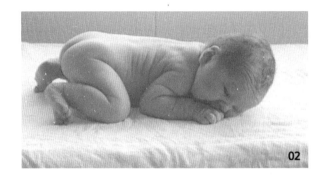

02

어떤 아기는 이 자세에서 스스로 팔 하나를 들어 올리기도 합니다. 두 팔 또는 드물게 머리까지 들고 고개를 좌우로 돌리는 신생아도 있습니다. 머리를 바닥에 댄 채 가만히 누워 있기만 하는 경우도 있는데 그것도 괜찮습니다. 다리는 흔히 태아 자세라고 부르는 상태로 구부린 채 몸통 아래에 놓여 있습니다.사진 02 아기가 이 자세를 좋아하지 않는다면 절대로 스트레스 상태에 방치하지 마세요. 다시 등으로 눕혀 주고 며칠 뒤에 다시 시도해 보세요.

아기가 깨어 있을 때만 엎어 놓아야 합니다. 그 자세를 유지하는 시간이 몇 초밖에 되지 않더라도 하루 한 번이면 충분합니다.

수면 자세

잘 때는 항상 등을 바닥에 댄 자세로 눕혀야 합니다. 유아용 침대와 요람에는 단단한 매트리스를 깔아 줍니다. 베개는 필요 없습니다. 뒤통수가 납작해질 수 있어서 (머리뼈가 비대칭으로 한쪽 면만 평평해지는 상태_ 사두증) 아기를 옆으로 눕혀 놓기도 하지만, 그 때문에 고관절 탈구가 생기는 경우도 있습니다.

장난감

신생아에게는 장난감이 필요 없습니다. 그들에게 필요한 것은 사랑 담긴 손길과 포근하게 안아 주는 품, 다정하게 말 걸어 주는 목소리, 온기와 잠, 음식 뿐입니다.

이렇게 해 주세요

- 먹을 것을 주고, 청결하고 따뜻하게 돌봐 줍니다.
- 부득이한 경우를 제외하고는 항상 아기가 수평 자세로 지내게 해 주세요.
- 아기를 어깨에 기대 안거나 품에 안고 있을 때는 부드럽고 리드미컬하게
  흔들어 주세요.
- 신생아가 허리를 세워야 하는 순간은 트림할 때가 거의 유일하며, 반드시
  머리와 몸을 잘 받쳐 주어야 합니다. 아기를 어깨에 걸쳐서 안을 때도
  마찬가지입니다.
- 신생아는 팔다리를 깊고 부드럽게 누르는 심부 압박 마사지(91쪽)를
  좋아합니다. 가볍게 쓰다듬어 주는 것보다 이런 접촉이 훨씬 좋습니다.
- 아기에게 부드러운 목소리로 노래를 부르거나 말을 걸어 주세요.
- 가만히 누워 있는 것을 좋아하면 그냥 놔두는 것도 중요합니다.

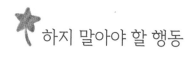 ## 하지 말아야 할 행동

- 일으켜 세우거나 두 발을 딛고 껑중껑중 뛰게 하지 마세요.
- 아기를 무릎 위에 세우거나 무릎 위에서 걸음마를 시키지 마세요.
  의사가 발달을 검사할 목적으로 이런 동작을 시켜 볼 수는 있지만
  집에서 연습시킬 동작은 결코 아닙니다. 신생아가 갖고 태어나는 원시
  반사 중에 평평한 면 위에 세워 놓으면 두 발로 바닥을 밀거나 걸어가는
  것처럼 움직이게 하는 것들이 있습니다. 하지만 이는 사라져야 하는 원시
  반사들입니다. 생후 3~6개월 사이 아기들에게 두 발로 체중을 지탱하는
  자세를 부추겨서는 안 됩니다. 생후 7~8개월 무렵 다시 발에 체중을 싣는
  동작을 시도할 것입니다. 신생아를 수시로 일으켜 세우거나 걷게 하면 걷기
  반사가 소실되지 못하기 때문에 나중에 자연스럽고 유연하게 걷는 데
  어려움이 생길 수 있습니다. ('6~9개월 까지' 참고)
- 신생아를 앉히지 마세요, 바운서도 좋지 않습니다. (107쪽 참고)
- 꼭 필요할 때를 제외하고는 카시트에 앉혀 두지 마세요.
- 아기에게 지나친 자극을 주지 마세요.
- 손을 잡고 일으켜 세우지 마세요.
- 손에 장난감을 쥐어 주지 마세요.
- 아기를 엎어 놓을 때 팔을 앞으로 빼 주지 마세요.

생후 3개월까지

출생부터 생후 3개월 사이에 가로 축과
세로 축 중심의 자세 안정성이 차츰 발달합니다.

등으로 누운 자세

앞장에서는 등으로 누운 자세에서 신생아가 어떻게 움직이는지를 설명했습니다. 이후 3개월 동안 아기는 이 자세를 안정적으로 유지하는 힘을 조금씩 키워 나갑니다. 사진 01, 02, 03, 04

생후 3개월 아기는 등을 대고 누웠을 때 머리를 신체 '중심선'에 유지할 수 있습니다. 이는 아기가 눈을 들어 당신을 올려다볼 수 있음을 의미합니다. 두 손을 한데 모으거나 손을 입에 넣을 수 있고, 다리를 굽힌 채 발을 바닥에서 들어올리기 시작합니다.

아기는 이 자세에서 균형 잡는 법과 옆으로 넘어지지 않도록 제어하는 법을 익혀 나갑니다. 등을 바닥에 댄 자세는 아기가 양육자와 눈을 맞추고 주변 세상을 탐색하기에 매우 유리합니다.
이 발달을 촉진하는 것은 출생 직후부터 가능합니다. 아기가 등을 바닥에 대고

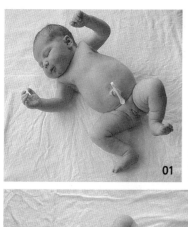
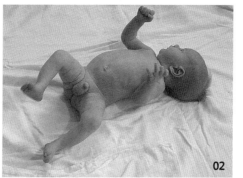
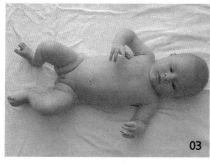

누운 자세로 충분한 시간을 보내게 해 주기만 하면 됩니다. 기저귀나 옷 때문에 아기의 자유로운 움직임이 제한되지 않게 해 주면 더욱 좋습니다.

베개를 포함해서 등을 기대거나 받쳐 주는 도구 없이 평평하게 눕혀야 하고, 바닥은 탄탄해야 합니다. 요나 침대가 너무 푹신하면 이 자세에 필요한 근육 균형을 키울 수 없습니다. 바운서나 반쯤 기대고 눕는 형태의 유모차처럼 비스듬하게 기운 면에서는 중력이 작용하는 방향과 힘이 달라집니다. 이런 상황에서는 아기가 두 다리를 들어 올리는 법을 배울 수 없기 때문에 근육의 균형 발달이 저해됩니다. 등을 바닥에 대고 누워 있는 시간이 충분할수록 근육 균형이 좋아집니다. 하지만 젖 먹은 것을 자주 토하는(위식도 역류) 아기는 이 자세 발달이 수월하지 않을 수 있습니다. 그러나 근육 균형이 좋아지면서 역류 문제도 더불어 개선되는 경우가 많으니 최대한 아기를 평평한 자세로 누워 있게 해 주세요.

출생부터 생후 3개월까지
등을 대고 누운 자세에서 나타날 수 있는 문제

- 비대칭 지속: 누워 있을 때 언제나 한 방향으로만 머리를 돌립니다. 이는 머리가 비대칭으로 납작해지는 사두증의 원인이 될 수 있습니다.
- 머리를 좌우로 돌리지 못합니다.
- 두 손을 한데 모으는 법을 터득하지 못합니다.
- 두 다리를 함께 들어 올리고 그 자세를 유지하지 못합니다.
- 등과 목을 활처럼 휘게 합니다.

배를 대고 엎드린 자세

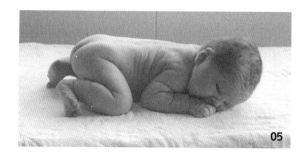

출생 직후부터 아기는 한쪽 혹은 양쪽 팔을 밖으로 살짝 뺄 수 있습니다. 사진 05

이후 몇 개월 동안 팔이 조금씩 더 나오다가, 생후 3개월 무렵에는 흔히 아기 팔굽혀 펴기 자세라고 부르는 '대칭적 팔꿈치 지지' 자세가 가능해집니다. 이 때 아기는 팔꿈치를 어깨 아래에, 머리는 몸통과 일직선상에 놓은 채로 가슴을 지면에서 들어 올립니다. 지금까지는 다리가 몸통 아래 접혀 있었지만, 이 제 고관절 부분이 펴지면서 골반이 지면에 닿도록 내려 갑니다. 사진 06

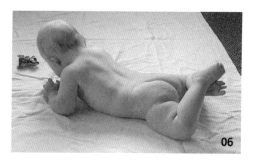

이 자세가 완성되려면 배를 바닥에 댄 자세로 충분한 시간을 보내야 합니다. 엎어 놓기는 태어난 날부터 시작할 수 있습니다.

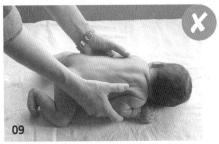

아기를 엎어 놓는 올바른 방법은 아기의 양 옆구리를 손으로 받치고 바닥에 살며시 내려놓는 것입니다.사진 07

안전하게 내려놓았으면 손을 떼고 아기 스스로 편한 자세를 찾도록 내버려 둡니다.사진 08 절대로 아기 팔을 앞으로 빼 주어서는 안 됩니다. 아기의 자연스러운 움직임 충동을 방해하는 행위이기 때문입니다. 자기 힘으로 팔 빼내는 법을 찾아낼 것입니다. 어른이 빼 주려 한다면 아기는 그 손길을 거부하고 저항할 가능성이 높습니다. 그러다 급기야 배로 엎드려 있는 것 자체를 싫어하게 될 수도 있습니다.사진 09

아기가 팔을 어디에 놓든 그냥 두어야 합니다. 몸통 밑에 깔려 있더라도 스스로 팔을 빼낼 것이기 때문입니다.

아기가 싫어하고 불편해하는데도 계속 엎어 놓아서는 안 됩니다. 엎어 놓았을 때 짜증을 낸다면 이 자세가 아기에게 맞지 않는다는 의미입니다. 팔을 앞으로 빼내고 팔꿈치로 몸을 지탱하는 법을 터득하는 즉시 아기는 행복해집니다.

가끔 아기 앞에 시선을 끌 만한 물건을 놓아두는 것이 도움이 됩니다. 정면에서 (얼굴을 맞대고) 말을 거는 것도 좋습니다. 그렇게 하기 위해서는 당신도 아기처럼 엎드려야 할 것입니다. 아니면 아기를 탁자 위에 올려놓고 그 앞에 앉아 얼굴을 마주할 수도 있습니다. 탁자 위에 올려놓았을 때는 단 한순간도 아기를 혼자 두어서는 안 됩니다.

엎어 놓기는 트림 시키기에도 좋은 자세입니다. 아기를 엄마 무릎 위에 엎어 놓고 등을 토닥여 줍니다.

온갖 방법을 시도해 봤는데도 아기가 여전히 엎드리기를 좋아하지 않는다면, 준비 단계로 등을 대고 누운 상태의 아기와 몇 가지 활동을 할 수 있습니다. 부드러운 압박 마사지(91쪽)를 시도해 보기를 권합니다. 아기가 엎드린 자세를 좋아하지 않는다 해도 지나치게 걱정할 필요는 없습니다. 발달 과정 중에 엎드린 자세를 취하는 시간이 꼭 필요하다는 것만 명심하면 됩니다. 배로 눕는 것이 편안해지기까지 6개월 이상 걸리는 아기들도 있습니다.

이 시기에 아기를 엎어 놓았는데 자꾸 몸을 굴려서 등으로 누우려 한다면, 배로 누운 자세가 아기에게 근육 불균형을 자극하고 있다는 의미이므로 엎어 놓아서는 안 됩니다. 이런 경우에는 한동안 엎드린 자세를 시도하지 않는 것이 좋습니다.

생후 3개월까지 엎드린 자세에서 나타날 수 있는 문제

- 아기를 엎어 놓았을 때 편한 자세를 찾지 못합니다.
- 머리를 높이 들어 뒤로 휘어지게 합니다.
- 아기가 몸을 굴려 자꾸 등이 바닥에 닿게 합니다.

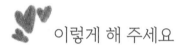 이렇게 해 주세요

놀이는 아기의 일과에서 매우 중요한 부분이며, 함께 시간을 보낼 수 있는 좋은 방법입니다. 아기와 놀 수 있는 몇 가지 방법을 소개합니다.

- 아기에게 말을 걸거나 노래를 불러 줍니다.
- 아기가 당신의 얼굴을 더듬고 머리카락을 당기게 놔둡니다.
- 아기가 당신의 손을 더듬고, 자신의 손과 입을 만져 보게 합니다.
- 아기가 자기 목소리를 경험할 수 있는 기회를 주세요. 아기가 내는 소리를 흉내내 줍니다.
- 다리를 올바른 자세로 올리지 못할 때는 기저귀를 벗겨 줍니다.
- 팔다리를 한 번에 하나씩 잡고 손 전체로 깊고 부드럽게 꼭꼭 눌러줍니다.
- 팔다리를 한 번에 하나씩 잡고 관절을 부드럽게 압박합니다. (91쪽 참고)
- 아기가 가만히 누워 있는 상태에서 행복해하면 그대로 놔둡니다.
- 아기를 안고 부드럽게 흔들어 줍니다.
- 이 단계에서는 조금이라도 과한 자극이 오면 아기가 애써 만들어 내고 있는 근육 균형이 수포로 돌아갈 수 있습니다.

 하지 말아야 할 행동

- 아기를 두 발로 세우거나 폴짝폴짝 뛰게 하지 마세요.
- 아기 손을 잡아당겨서 앉히지 마세요.
- 바운서에 앉히지 말고 평평한 바닥에 눕혀 주세요.
- 이동에 꼭 필요한 경우가 아니면 절대로 아기를 카시트에 앉혀 두지 마세요.
- 뒤로 완전히 누울 수 없는 유모차에는 태우지 마세요.
- 앞으로 매는 아기띠로 안고 다니지 마세요.
- 아직 때 이른 발달 과제(예를 들어, 뒤집기)를 촉진하지 마세요.

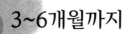

3~6개월까지

3~6개월 사이에 아기는 자세 안정성이 한층 높아지고,
두 대각 축을 중심에 둔 상호 교대 움직임을 시작합니다.

등으로 누운 자세

생후 3개월부터 아기는 자세에서의 안정성을 키우기 시작합니다.사진 01 이
무렵 쥐기 반사가 사라집니다. 이제 아기는 두 손을 한데 모을 수 있고, 모은
손을 입에 넣기 시작합니다.사진 02

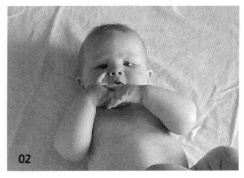

턱받이나 옷을 움켜쥐고 입으로 가져옵니다. 바닥에서 장난감 집어 올리기, 신체 중심선에서 장난감 조작하기, 한손에서 다른 손으로 전달하기 등을 배워 나갑니다.사진 03

시간이 지나면서 아기는 중심선을 가로지를 수 있게 됩니다. 이제 왼손을 신체 오른편으로, 오른손을 왼편으로 넘길 수 있습니다.사진 04

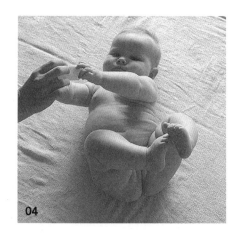

자기 다리를 발견하고 무릎을 만지며
놀다가, 마침내 두 발을 손으로 잡을
수 있게 됩니다. 사진 05, 06

자기 발을 손으로 잡으려면
골반을 바닥에서 들어 올리고
등 윗부분으로 자세를 유지할
수 있어야 합니다. 사진 07

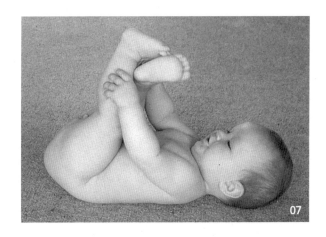

47

08

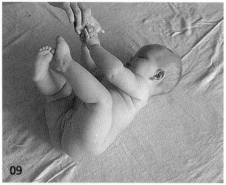

09

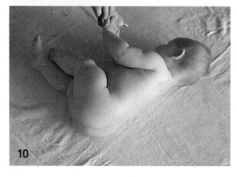

10

생후 4~5개월부터 대부분의 아기는 등으로 누워 있다가 몸을 굴려 옆구리로 눕는 법을 배웁니다. 이때 한쪽 방향으로만 구르지 않고 양쪽 방향으로 모두 구르는 것이 중요합니다. 사진 08, 09, 10

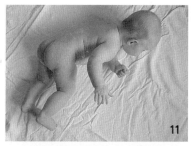

마침내 팔꿈치로 지탱하며 몸을 밀어 올리는 법과 배가 바닥에 닿도록 뒤집는 법을 배웁니다.사진 11, 12 많은 아기가 한 방향으로만 구르는 경향이 있지만, 신체 좌우가 대칭적으로 발달하기 위해서는 양쪽 방향으로 모두 구르는 것이 중요합니다. 대부분의 아기는 생후 6개월 무렵에 이 중요한 발달 이정표에 도달합니다.

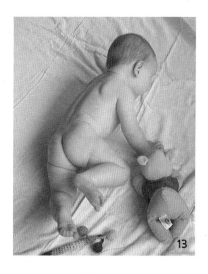

뒤집기 과정에서 아기는 양쪽 고관절의 굴곡(굽히기)과 신전(펴기)을 분리하는 법을 터득합니다. 사진 13

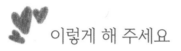

이렇게 해 주세요

이 발달을 촉진하려면 대부분 아기를 바닥에 등을 대고 누운 자세로 놔두기만 하면 됩니다. 장난감은 아기가 턱받이나 옷을 만지작거리며 놀기 시작한 이후부터 주기 시작합니다. 고사리 손으로도 충분히 조작할 수 있을 정도로 가볍고 작은 장난감이어야 합니다. 이 시기에 부모가 아기에게 지나치게 큰 장난감을 주는 경우가 흔합니다. 또한 손에 닿는 모든 것을 입으로 가져가는 시기이므로 아기가 물고 빨아도 안전한 것인지 확인해야 합니다.

시중에 나온 장난감 중에서 신생아에게 적당한 것을 찾기 어렵다면 직접 창의력을 발휘해 만드는 편이 나을 수도 있습니다. 아기에게는 자기 양말도 재미난 장난감이 될 수 있습니다. 사진 14, 15, 16

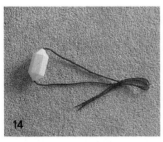

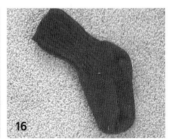

아기의 한쪽 손에 장난감을 건네줍니다. 양 손을 모두 사용하도록 좌우측을 교대해 주어야 합니다. 이보다 장난감을 아기 옆 바닥에 놔두는 편이 더 좋습니다. 사진 17, 18

머리 위에 장난감을 매달아 놓으면 아기에게 손으로 치려는 충동을 자극할 수 있음을 유념하세요. 자칫하면 자연스러운 발달 과정을 방해하고 근육의 불균형을 일으킬 수 있습니다. 아기들은 물체를 두 손으로 (혹은 두 발로) 잡고 입으로 가져가려는 본능적 욕구를 갖고 있습니다. 머리 위에 매달려 있거나 너무 멀리 떨어진 장난감으로는 그 욕구를 충족하기 어렵습니다.

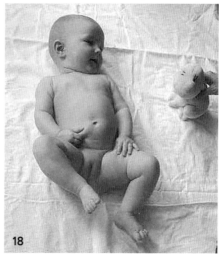

이 시기에 아기가 자연스럽게 중심선을 넘지 않는다면 아기가 쥐고 있는 장난감을 어른이 반대쪽으로 옮기면서 장난감을 따라 중심선을 넘어가도록 유인할 수 있습니다. 사진 19

하지만 이 과정에서 아기의 등이 활처럼 휘는지 주의 깊게 살펴야 합니다. 이런 자세는 근육 균형이 아직 중심선 교차를 감당할 만큼 성숙하지 않았음을 의미합니다. 사진 20

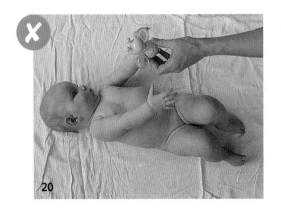

아기가 등을 바닥에 댄 자세로 충분한 시간을 보내고 근육 균형이 올바르다면, 바닥에서 등을 떼고 옆으로 몸을 돌리는 자세에서 배가 바닥에 닿도록 완전히 뒤집는 자세까지 자연스럽게 진행될 것입니다.

아기가 한쪽으로만 구르지 않도록 잘 살펴야 합니다. 계속 한쪽으로만 구른다면 적절한 자극을 주어 반대쪽으로도 구르게 해 주어야 합니다. 아기가 방의 한쪽 귀퉁이나 소파의 같은 위치에서 나오지 못하고 끙끙대는 일이 자주 발생한다면 한쪽으로만 구르고 있다는 신호일 수 있습니다. 반대 방향으로 구르도록 자극해 주지 않으면 아기는 한쪽 대각 축만 발달할 가능성이 높습니다.

3~6개월까지
등으로 누웠을 때 나타날 수 있는 문제

• 발을 땅에서 들어 올리지 못합니다.

• 등이 활처럼 휘어집니다.

• 발로 바닥을 밀어서 엉덩이를 들어 올립니다.

• 팔을 많이 파닥거립니다.

• 다리를 쑥 펴거나 뻗는 일이 잦고, 발차기를 많이 하는 경향이 있습니다.

• 이 시기 후반부에 이르러도 신체 중심선을 넘지 못합니다.

• 한쪽 방향으로만 구릅니다.

사진 21은 생후 6개월 아기가
아직 근육 불균형 상태일 때
보이는 전형적인 자세입니다.

이 문제 중 하나라도 해당된다면 아기를 똑바로 앉은 자세나 비스듬히 기대어
앉은 자세 혹은 발을 딛고 서는 자세로 놓지 않는 것이 몇 배로 중요합니다.
아기를 어른 무릎에 올리고 겅중겅중 뛰게 하기, 다리로 밀면서 몸을 뻗게
하기도 절대 금지할 자세입니다. 아기가 신이 난 것처럼 보이지만 이런 자세나
동작은 문제를 악화시키기 때문입니다. 바운서나 졸리 점퍼(106, 107쪽)도 근육
불균형을 가중시키기 때문에 사용해서는 안 됩니다.

아기에게 이런 문제가 있을 때는 91쪽에서 소개하는 팔다리 눌러 주기와 관절
압박이 도움이 됩니다.

배를 대고 엎드린 자세

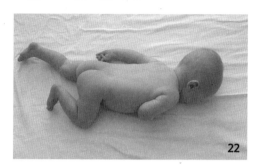

생후 3개월 무렵 아기를 엎어 놓으면사진 22 아기는 머리를 들어올리기 위해서 팔을 밖으로 빼내기 시작합니다.('생후 3개월까지' 참고) 특별한 문제없이 모든 발달이 원활하게 진행된다면 아기는 팔꿈치로 상체를 지탱하는 데 성공할 것입니다. 이를 '대칭적 팔꿈치 지지 자세' 혹은 '아기 팔굽혀펴기 자세'라고 부릅니다.사진 23 허벅지가 펴지고 골반이 바닥에 닿습니다.

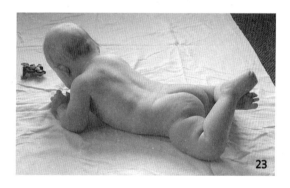

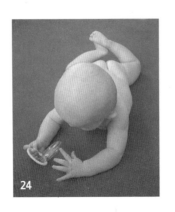 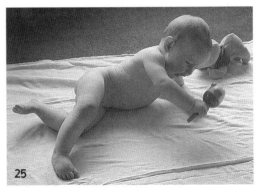

다음 단계는 '한쪽 팔꿈치 지지 자세'입니다. 이제 아기는 한쪽 팔에 체중을 옮겨 실을 수 있습니다.사진 24 한쪽 팔꿈치로 신체를 지탱하고 다른 팔로는 자유롭게 놀이를 할 수 있다는 의미이기도 합니다. 이 자세 역시 좌우측 모두 가능해야 합니다. 보통 생후 6개월 무렵 이 단계에 도달합니다.사진 25

아기가 오른쪽 팔꿈치로 체중을 지탱하는 자세를 취하면 같은 쪽 고관절은 신전(펴짐), 반대쪽 다리는 굴곡(굽힘)이 됩니다. 체중을 왼쪽 팔꿈치로 옮기면 왼쪽 고관절은 펴지고 오른쪽 다리는 구부러집니다.사진 26

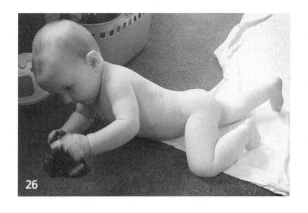

이 자세가 나오려면 태어날 때부터 갖고 있던 여러 가지 원시 반사를 제어할 수 있어야 합니다.

좌우측 모두 한쪽 팔꿈치로 안정된 지지 자세를 만들지 못하는 아기는 원시 반사 통합에서 어려움을 겪습니다. 그리고 이는 전반적인 발달 전체에 부정적인 영향으로 이어집니다.('6~9개월까지' 참고)

이렇게 해 주세요

이 발달을 촉진하려면 먼저 아기를 엎드린 자세로 만들어 줍니다. 사진 27 팔을 빼 주지 않습니다. 사진 28

엎드린 자세로 가만히 두면 시간이 많이 걸리는 것처럼 보이더라도 결국에는 스스로 팔 빼는 법을 터득할 것입니다.

사진 29, 30

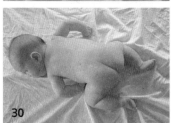

이것이 너무 힘들면 아기는 한동안 애를 쓰다가 포기하고 울음을 터뜨릴 것입니다. 팔 빼는게 쉽지 않아 아기가 끙끙 소리를 낼 수도 있습니다. 이 정도는 괜찮지만 울면서 좌절할 때는 절대로 그냥 방치해서는 안 됩니다. 그때는 아기를 안고 토닥토닥 달래 준 뒤 등이 바닥에 닿도록 눕혀 줍니다. 한참 시간이 지난 뒤에 다시 한번 아기를 엎어 놓아 봅니다.

배를 바닥에 댄 자세(사진 31)로 놀다 보면 저절로 다음 단계인 한쪽 팔꿈치 지지 자세로 넘어갑니다. 이제는 한쪽 팔꿈치로 체중을 지탱하면서 다른 팔로 자유롭게 놀 수 있습니다.사진 32

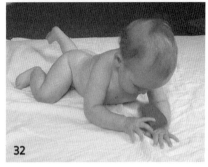

이 단계에서 아기는 등을 대고 누워 있다가 스스로 몸을 굴려 엎드린 자세로 바꿀 수 있습니다.

하지만 어른이 아기를 엎드린 자세로 만들기 위해 굴려 주어서는 안 됩니다. 자세를 바꿔 줄 때는 항상 아기를 안아 올렸다가 사진 27처럼 배가 바닥에 평평하게 닿도록 내려놓아야 합니다.

 하지 말아야 할 행동

- 되도록 아기를 앉은 자세로 놓지 마세요. 아기를 앉혀 놓고 옷 입히는 습관을 들이지 마세요.
- 차를 타고 이동할 때를 제외하고는 아기를 카시트에 앉혀 두지 마세요.
- 아기를 일으켜서 두 발로 서게 하지 마세요.
- 배로 엎드려서 앞으로 움직이는 법을 가르치거나, 앞으로 나가는 동작을 자극할 의도로 장난감을 멀리 놔두지 마세요. 아직은 이 동작을 시작할 준비가 되지 않은 시기입니다. 어찌어찌해서 앞으로 나갔다 해도 잘못된 움직임 양식을 사용했을 가능성이 아주 높습니다.
- 아기를 옆으로 굴려서 자세를 바꿔 주지 마세요.
- 아기의 손을 잡고 당겨서 앉히지 마세요. **사진 33**
- 아기가 엎드려 있을 때 밑에 깔린 팔을 빼 주지 마세요.

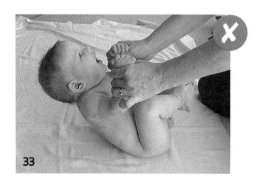

33

3~6개월까지
엎드려 있을 때 나타날 수 있는 문제

- 어떤 아기들은 생후 3개월에 아직 두 팔을 앞으로 빼내지 못합니다.
  이 아기들은 보통 한쪽 팔만 뺄 수 있습니다. 이는 아기가 아직 머리를 들어
  올릴 준비가 되지 않았음을 의미합니다.사진 34, 35, 36, 37

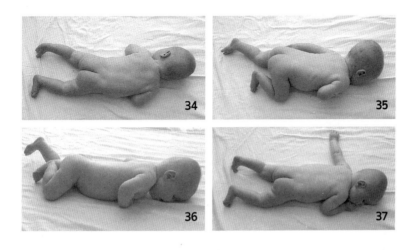

아기가 이 경우에 해당한다면 아기 스스로 이 문제를 해결할 기회를 만들어
주어야 합니다. 엎드린 자세로 가만히 놔두면 결국에는 팔 빼는 법을
알아낼 것입니다. 엎드린 아기에게 뭔가를 들고 보여 주면서 고개를 들도록
유도할 수 있습니다. 이 방법은 꽤 효과적입니다.

답답한 마음에 몸통 밑에 깔린 팔을 빼서 팔꿈치 지지 자세를 만들어 주고 싶을 수 있지만 참고 기다려야 합니다.사진 38 아기 스스로 그 방법을 터득할 때만 성장 발달에 의미가 있기 때문입니다. 어른이 대신 빼 주는 것은 아기의 근육 균형 발달을 방해할 뿐입니다.

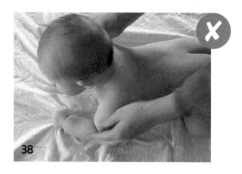

이 움직임이 아기에게는 정말 힘든 일이며, 그렇기 때문에 가끔씩 머리를 바닥에 내려놓고 한참 쉬어야 한다는 것을 기억해 주세요. 원하는 만큼 충분히 쉬게 해 주세요. 잠시 후에 아기는 다시 기운을 내서 도전할 것입니다.

아무리 애를 써도 잘 안 되면 울고 짜증낼 수도 있습니다. 그럴 때는 슬퍼하는 아기를 그냥 두지 마세요. 품에 안고 달래 준 다음, 등을 대고 누운 자세로 놀게 해 주세요.

- 어떤 아기는 팔꿈치로 몸통을 들어 올리는 과제를 완료하지 못한 채 흔히 수영 자세라고 부르는 동작으로 넘어가기도 합니다. 가슴을 평평하게 바닥에 댄 채 머리를 위로 높이 들어 올리고 팔을 뒤로 뻗은 자세를 말합니다.사진 39

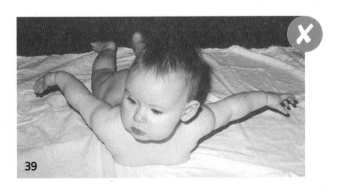

이는 근육 불균형에서 나온 자세이기 때문에 아기 스스로 바꾸기가 대단히 어렵습니다. 이 자세를 그대로 방치해서는 안 됩니다. 장난감을 가까이에 밀어 놓고 아기가 장난감을 갖고 놀기 위해 스스로 수영 자세를 벗어나 팔꿈치를 바닥에 대도록 유도해 주세요.사진 40, 41

이 방법이 효과가 없더라도 어른이 대신 팔꿈치 지지 자세로 만들어 주고 싶은 유혹에 넘어가서는 안 됩니다. 대신 아기를 등으로 눕히고 놀아 주세요. 그 자세에서 두 다리 들어 올리는 법을 가르치면서 근육 균형을 강화하도록 도와줍니다. 배를 대고 엎드린 자세는 한동안 시도하지 않습니다. 일주일 정도 지난 뒤에 다시 한번 아기를 엎어 놓고 어떤 변화가 있는지 관찰합니다.

팔꿈치를 바닥에 댄 자세를 완성하지 못하고 손으로 바닥을 짚은 채 상체를 밀어 올리는 아기도 있습니다.**사진 42** 아기가 힘이 좋은 것처럼 보이기 때문에 긍정적인 발달로 여기기 쉽습니다. 하지만 이는 근육을 불균형하게 사용할 때 나타나는 또 다른 변형 자세입니다. 여러분이 직접 그 자세로 바닥에 있는 물건을 잡아 보세요. 불가능하지는 않지만 매우 어렵다는 것을 알 수 있을 것입니다.

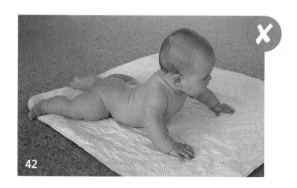

42

이상적인 발달 단계에서 아기들은 먼저 팔꿈치를 바닥에 대고 엎드려 노는 법과
팔꿈치를 중심축 삼아 빙글빙글 도는 법, 그리고 다음 단계인 '도마뱀 기기'를
배우기 전까지는 손으로 상체를 밀어 올리지 않습니다.
항상 팔꿈치 대신 손으로 몸을 들어 올린 아기들은 곧바로 손과 무릎을 댄
자세로 넘어가고 얼마 지나지 않아 기기 시작합니다. 이렇게 되면 건강한 근육이
균형 발달을 위해 지극히 중요한 단계를 충분히 경험할 수가 없습니다.
이 아이들이 건너뛴 것은 좌우 팔다리 사이에 올바른 협응 관계를 구축하는
데도 꼭 필요한 단계입니다. 한쪽 팔꿈치로 지탱하면서 노는 과정에서 한쪽
팔꿈치와 반대쪽 무릎의 협응 관계가 형성되기 때문입니다. 원시 반사를 잘
통합한 아기들만 이 동작을 수행할 수 있습니다.(99~101쪽 참고)

배를 대고 엎드린 자세에서 근육 균형을 완성하지 못한 아기들 중 대부분은
수영 자세로 엎드려 있다가 손으로 상체를 밀어 올리는 자세로 넘어갈 것이고,
전혀 바람직하지 않은 이 두 자세만 교대로 오갈 것입니다. 그러면 배를 대고
엎드린 자세에서 익혀야 할 것들을 제대로 완료할 수가 없습니다. 아기가 이런
난관에 처했다는 것을 주변에서 알아보지 못하고 방치하는 경우가 많습니다.
결과적으로 이 아기들은 배워야 할 많은 것을 놓친 채 이 시기를 보냅니다.

아기가 이 경우에 해당한다면 다음과 같이 해 주기를 강력하게 권고합니다.
먼저 적당한 장난감을 얼굴 바로 밑에 놓아두고 아기가 그 장난감을 잡기
위해 펴고 있던 팔꿈치를 굽혀서 바닥에 내려놓는지 살펴봅니다. 그렇게 하지
않는다면 이 아기는 배를 바닥에 대고 엎드린 자세를 취해서는 안 됩니다.

이 경우엔 그 자세가 근육 불균형을 악화시키기 때문입니다. 대신, '생후 3개월까지' 설명을 참고해서 등으로 누운 자세로 근육 균형을 강화하도록 도와주거나, 91쪽을 참고해서 아기와 놀아 주세요.

엎드린 자세와 등으로 누운 자세를 오갈 수 있어요.

생후 6개월 무렵이면 등으로 누운 자세와 엎드린 자세를 자유롭게 오갈 수 있습니다. 등을 대고 누워서 놀다가 장난감이 떨어지거나, 다른 물건에 호기심이 생기면 몸을 뒤집어서 주울 수 있습니다. 줍고 난 뒤에는 다시 등으로 돌아 눕거나, 엎드린 그대로 한쪽 팔꿈치로 상체를 지지한 채 장난감을 가지고 놀 수 있습니다.

이 시기 아기가 좋아하는 놀이 중 하나가 등을 대고 누워서 자기 신체를 탐색하는 것입니다. 자기 손과 얼굴, 배, 생식기, 다리와 발의 존재를 발견하고 이리저리 가지고 놉니다. 자기 목소리 듣는 것을 좋아하며, 목구멍과 혀, 입술로 여러 소리를 내는 실험을 할 것입니다. 아기가 이런 놀이를 할 때는 방해하지 말고 충분히 놀도록 가만히 두어야 합니다.

6~9개월까지

6~9개월 사이에 아기는 원하는 곳으로
이동하는 법을 배웁니다.

6개월 무렵이면 엎드린 자세와 등으로 누운 자세를 자유롭게 오갈 수 있습니다. 배를 대고 엎드린 자세에서 장난감을 집어든 뒤에 다시 몸을 뒤집어 등을 대고 누워서 가지고 놉니다. 사진 01, 02, 03, 04

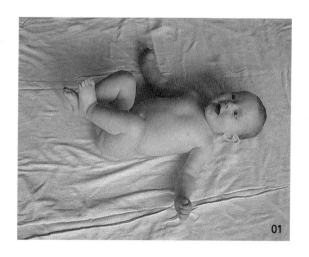

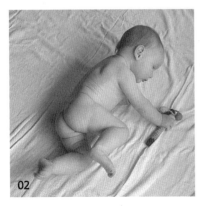
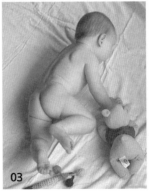

등을 대고 누워서 혼자 옹알이를 하고, 손을 가지고 놀거나 발가락을 빨며 즐겁게 시간을 보냅니다.사진 05, 06 이런 놀이를 할 수 있으려면 골반을 바닥에서 들어 올릴 수 있어야 합니다.사진 06

발가락을 입에 넣고 빠는 법을 터득한 뒤에는 등을 대고 누워 있는 시간이 차츰 줄어들 것입니다. 이 자세에서 배워야 할 것을 다 배웠기 때문입니다.

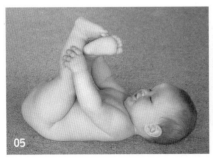

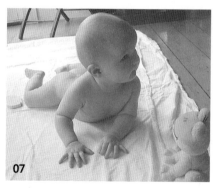

이제 아기는 등으로 누워 있다가도 몸을 뒤집어 배를 대고 장난감을 가지고
놉니다. 엎드린 자세로 놀기 위해 한쪽 팔꿈치 지지 자세를 취합니다. 좌우
팔꿈치에 교대로 체중을 옮기고 놀이하는 손을 바꿀 수 있습니다. 사진 07, 08
이 자세가 능숙해지면서 아기는 무릎을 몸통 쪽으로 가까이 끌어당길 수 있
습니다. 사진 09, 10

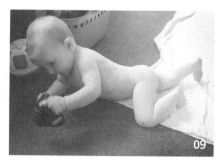

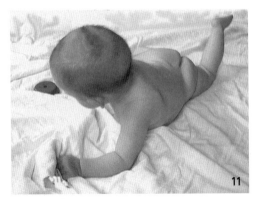 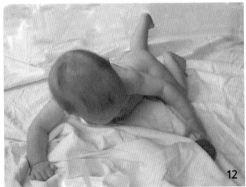

다음 단계는 왼쪽 팔꿈치로 지탱하며 오른쪽 무릎을 구부리거나 오른쪽 팔꿈치로 지탱하며 왼쪽 무릎을 구부리는 것입니다.

이 자세는 아기가 한쪽 팔꿈치, 어깨에서 몸통을 지나 반대쪽 엉덩이와 무릎으로 이어지는 신체 대각선 축을 제어하는 능력을 갖게 되었음을 의미합니다.사진 11, 12 물론 이 자세를 좌우 대각선 축에서 모두 자유롭게 취할 수 있어야 합니다.

다음으로 팔꿈치를 중심축으로 몸을 빙글빙글 돌릴 수 있고, 시선을 잡아끄는 사물을 따라 오른쪽이나 왼쪽으로 움직일 수 있습니다.사진 13 이 동작을 좌우측에서 모두 수행할 수 있습니다.

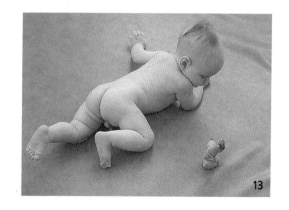

지금까지 아기는 신체의 여러 축을 제어하는 능력과 그 축을 중심으로 움직이는 능력을 꾸준히 키워 왔습니다. 모든 것이 순조롭게 진행된다면 이 발달은 9개월 무렵에 완료될 것입니다. 이 단계에 이르면 아기는 원시 반사를 어느 정도 제어할 수 있고, 안정된 근육 균형 상태에 이릅니다.

조만간 아기는 팔꿈치와 무릎을 이용해서 '도마뱀'처럼 바닥을 기면서 전진하기 시작할 것입니다. 이는 좌우 대각선 축(오른쪽 팔꿈치와 왼쪽 무릎, 왼쪽 팔꿈치와 오른쪽 무릎)을 교대로 사용하는 움직임 양식입니다.

이유식을 먹일 때는

이유식을 먹일 때 유아용 식탁 의자를 이용하는 부모들이 많습니다. 생후 6 개월부터 대부분의 아기는 의자에 앉혀 놓으면 그 자세를 유지할 수 있습니다. 이때가 이유식 도입 적기이기도 합니다. 하지만 필요 이상으로 오래 유아용 식탁 의자에 앉혀 두지 마세요. 지금까지 설명한 것처럼 앉은 자세는 이 발달 단계에 자연스러운 자세가 아닙니다. 비스듬히 기댄 자세도 마찬가지입니다.

생후 6~9개월 아기에게 발생할 수 있는 문제

- 등을 대고 누운 자세에서 발을 손으로 잡지 못합니다.
- 등으로 누워 있을 때 발로 바닥을 밀어 엉덩이를 들어 올리려 합니다.
- 엎드려 있을 때 좌우측 모두 혹은 한쪽에서만 '한쪽 팔꿈치 지지' 자세가 나오지 않습니다.
- 한쪽 팔꿈치로 신체를 지지한 자세에서 몸통 회전이나 다리 움직임이 나타나지 않습니다.
- 좌우측 한 방향으로만 움직이는 경향이 있습니다.

 이렇게 해 주세요

이 단계 운동 발달이 원활히 일어나기 위해 무엇보다 중요한 것은 아기가 바닥에서 충분한 시간을 보내는 것입니다. 주기적으로 아기를 등을 바닥에 댄 자세로 눕혀 주세요. 그러면 아기는 다시 몸을 움직여 자기가 원하는 자세로 바꿀 것입니다.

아직 엎드린 상태에서 팔꿈치로 지탱하는 법을 터득하지 못했다면 이것을 먼저 배워야 합니다. 아기가 이 자세를 배울 수 있도록 얼굴 바로 아래, 아주 가까운 곳에 부드러운 장난감을 놓아 줍니다. ('3~6개월까지' 참고) 사진 14, 15

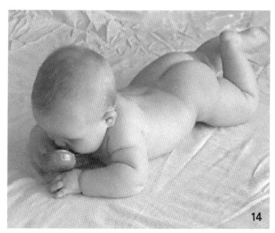

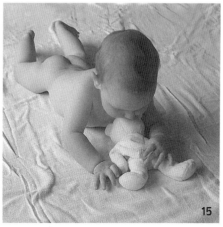

팔꿈치로 신체를 지탱하는 데 성공하면, 한쪽 팔꿈치로 체중을 옮기기 시작할 것입니다. 그래야 한쪽 팔이 자유로워져서 장난감을 집어 올릴 수 있기 때문입니다.사진 16

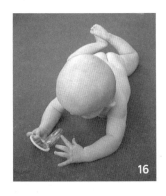

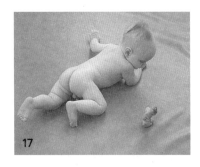

장난감을 조금씩 멀리 옮겨 주다가 무릎 근처까지 내려서 아기가 팔꿈치를 축으로 몸을 회전시킬 수 있도록 촉진합니다.사진 17

마침내 아기가 이 움직임 양식을 이용해 도마뱀 기기를 하면서 앞으로 나가는 모습을 볼 수 있을 것입니다.

이 단계에 이른 아기는 근육 균형이 안정적으로 잘 발달했기 때문에 레슬링 같은 엎치락뒤치락 하는 격한 몸놀이를 감당할 수 있습니다. 이런 놀이는 모로 반사moro-reflex를 조절하는 효과가 크기 때문에 아이들에게 꼭 필요합니다.(99~101쪽 참조)

6~9개월까지

 하지 말아야 할 행동

- 아기가 앞으로 기어가도록 유도하지 마세요. 팔꿈치를 중심축 삼아 좌우 양쪽으로 몸통을 회전하는 법을 배우고 나면 스스로 기기 시작할 것입니다. 준비되지 않은 아기를 기도록 자극하면 잘못된 움직임 양식을 몸에 익힐 위험이 큽니다. 충분히 성숙하기 전에 기게 했을 때 다음과 같은 문제가 발생할 수 있습니다.

  - 좌우측을 번갈아 쓰지 않고 한쪽 팔과 팔꿈치로만 기어 갑니다.
  - 양쪽 팔꿈치를 동시에 사용해서 몸통을 앞으로 끌어당기는 방식으로 움직입니다.
  - 몸을 뒤로 밀면서 이동합니다.
  - 손과 무릎을 이용해서 몸을 밀어 올립니다. 원시 반사를 완전히 제어 하기 위해 반드시 거쳐야 하는 '도마뱀 기기' 단계를 건너뛴 것입니다.

따라서 장난감을 아기 손이 닿지 않는 위치에 두어서는 안 됩니다. 장난감을 가지고 놀고 싶은데 손이 닿지 않아 좌절하게 됩니다.사진 18

75

• 아기를 앉히지 마세요. **사진 19**

대부분의 아기는 생후 약 5~6개월부터 어른이 앉혀 주면 그 자세를 유지할 수 있습니다. 하지만 저는 아기를 앉혀 주거나 베개로 받쳐 주는 것을 결코 권하지 않습니다. 그것은 스스로 넘어야 하는 발달 이정표를 인위적으로 가르치는 행동이기 때문입니다. 자기 힘으로 몸을 일으켜 앉을 때까지 기다려 주는 편이 훨씬 낫습니다. 자연적으로는 보통 9~10개월 이후에나 앉을 수 있습니다. 그 전에 아기에게 앉은 자세를 가르치면 앞장에서 설명한 신체 축 발달에 문제가 생길 수 있습니다.

또래 아기를 둔 다른 부모들이 일상적으로 아기를 앉혀 놓기 때문에 혼자만 눕혀 두기 곤란한 상황도 있을 것입니다. 충분한 확신이 있다면 다른 부모들에게 아기를 앉혀 놓지 않는 이유를 설명해 줄 수도 있겠지요.

- 아기에게 기기를 가르치겠다는 마음을 버리세요.

- 아기의 팔을 잡고 일으켜 앉히지 마세요.사진 20

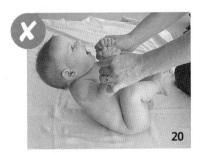

- 두 발로 딛고 서게 하지 말고, 친구와 가족에게도 그렇게 놀아 주지 말라고 요청하세요.사진 21, 22

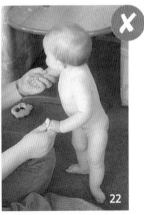

9~18개월까지

9~18개월 사이에 아기는
바닥에서 몸을 일으켜 세웁니다.

이 시기에 아기는 지난 몇 달 동안 축적한 여러 신체 축을 통제하는 능력에
근거해서, 등으로 누워 있다가 옆으로 돌아 눕고, 이어서 팔꿈치와 손으로 체
중을 지탱하면서 몸을 들어 올리는 법을 배웁니다. 사진 01, 02, 03, 04, 05

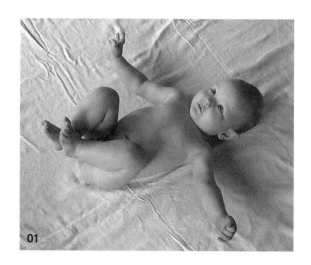

01

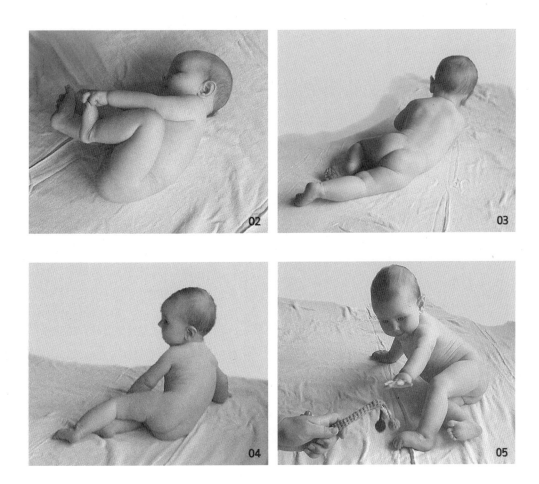

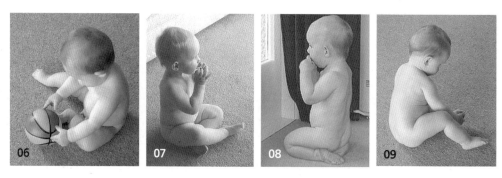

다양한 자세로 앉는 법을 배웁니다. 사진 06, 07, 08, 09

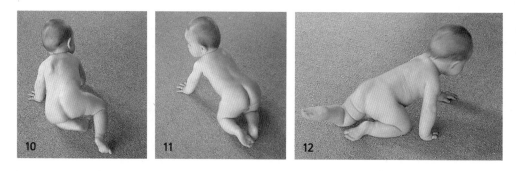

손과 무릎으로 바닥을 짚으며 몸을 들어 올리고, 네 발 기기를 배우는 것도
이 시기에 일어납니다. 사진 10, 11, 12

손과 무릎으로 바닥을 짚고 있다가 앉은 자세로 바꿀 수 있습니다. 사진 13, 14

가구에 의지해서 무릎을 꿇은 자세로 몸을 세웁니다. 사진 15, 16

가구를 짚고 몸을 들어 올리다가 마침내 두 발로 선 상태에 이릅니다.

사진 17, 18, 19, 20

걸음마 초기에 발끝으로 서거나 걷는 아기들이 있습니다. 이는 또 다른 형태의 근육 불균형으로, 시간이 지나면서 아기가 극복하고 통제할 수 있어야 하는 상태임을 양육자가 알고 있어야 합니다. 이 경우에는 되도록 아기에게 서거나 걷는 자세를 장려하지 말아야 합니다. 가구나 벽을 짚으면서 걷는 것도 좋지 않습니다. 먼저 굴근과 신근을 균형 있게 조절하는 법(근육 균형)을 터득하고, 발바닥 전체로 바닥을 짚을 수 있어야 합니다.

사진 21

아기는 혼자 힘으로 가구를 짚으면
서 걷는 법을 배웁니다. 사진 22

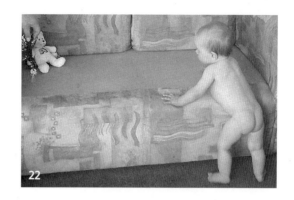

가구에 의지해 옆으로 걷는 것은 발달 과정에서 대단히 중요한 단계입니다.
아기가 이 단계를 원하는 만큼 충분히 거치게 해 주세요. 벽에서 손을 떼고
혼자 걷도록 유도하거나 부추기지 마세요. 어른이 앞에서 손을 잡아 주거나,
아기 혼자 수레를 밀면서 걷는 것도 권하지 않습니다.

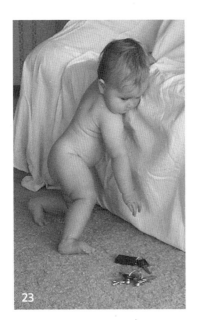

서 있다가 무릎을 꿇거나 엉덩이를 바닥에 댄 자세
로 내려갈 수 있습니다. 사진 23

선 채로 바닥에서 물건을 집어 올릴 수 있습니다.
사진 24

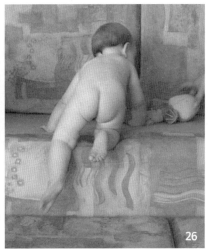

소파 위로 기어 올라갑니다. 사진 25, 26

가구를 짚고 있던 손을 떼거나 방 한가운데에
서 지지대 없이 일어섭니다. 사진 27

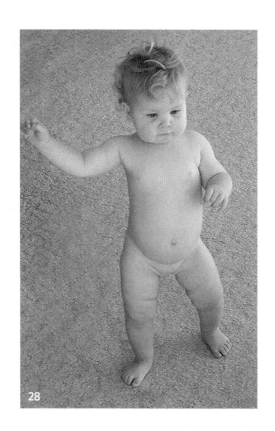

28

마침내 마법 같은 순간, 아기가 첫 발자
국을 내딛는 순간이 옵니다. 사진 28

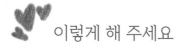 이렇게 해 주세요

아기에게 적절한 환경을 만들어 주는 것이 가장 중요합니다. 아기의 상상력을 자극하는 장난감은 아직 바닥에 놔두는 것이 좋습니다. 낮은 탁자나 소파, 장난감 상자가 주변에 있으면 아기가 일어서기를 배울 때 도움이 됩니다.

아기가 이 단계에 속한 모든 발달 과제를 훌륭히 완수할 때까지 충분한 시간을 갖고 경험하고 연습할 기회를 주세요.

여러분은 아무것도 가르칠 필요가 없습니다. 아기 스스로, 온갖 다양한 방식으로 움직이면서 단계별 자세들을 거쳐 성장해 나갈 것입니다. 정상 발달에 속한 아기라면 늦어도 18개월에는 걷기 시작할 것입니다.

하지 말아야 할 행동

- 아기가 스스로 몸을 일으켜 앉기 전에는 되도록 앉혀 두지 마세요.
- 아기를 네 발 기기 자세(손과 무릎을 짚은 자세)로 만들어 주지 마세요. 자기 힘으로 이 자세를 만들 수 있어야 합니다.
- 아기에게 기기를 가르치지 마세요.
- 두 발로 선 자세를 만들어 주지 마세요. 언제나 스스로 일어나도록 기다려 주세요.
- 절대로 아기 손을 잡고 당기면서 일으켜 세우지 마세요. 사진 29
- 아기가 일어서기를 연습하는 시기에 밀고 노는 수레나 장난감 유모차를 주지 마세요. 이런 것에 의지하면 무게 중심이 달라지기 때문에 골반이 틀어진 상태로 걷는 습관이 생길 수 있습니다. 발 딛는 자세에도 문제가 생길 수 있습니다. 한쪽 혹은 양쪽

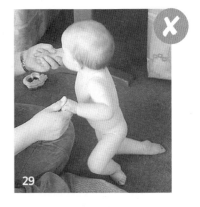

발이 안쪽이나 바깥쪽으로 틀어진 자세로 걷거나 발끝으로 걷게 될 수 있습니다. 혼자 힘으로 걷지 않고 항상 의자를 밀면서 돌아다닐 수도 있습니다. 이런 습관이 자리 잡으면 중단시키기가 아주 어렵습니다. 처음부터 그런 습관이 들지 않도록 잘 살펴야 합니다.

- 혼자 힘으로 걷는 법을 배우기 전까지는 아기가 걸을 때 손을 잡아 주지 마세요.사진 30
- 두 사람 사이에서 걸어가도록 유도하지 마세요. 아기가 걷기를 더 빨리 배우거나 더 잘 걷게 하는 데 아무 도움이 되지 않습니다. 신체 움직임을 이리저리 실험하면서 스스로 그 동작을 해내는 방법을 알아내야만 합니다. 이 단순한 규칙을 철저히 지킨다면 여러분의 자녀는 성장 과정에서 안전사고를 겪을 일이 훨씬 줄어들 것입니다. 다음 단계로 넘어가기 전에 각각의 발달 과제를 충분히 완료한다는 것은 움직임을 안정적으로 만들기 때문입니다.

30

생후 9개월부터 걸음마 단계에서
발생할 수 있는 문제

아기가 '6~9개월'에서 설명한 모든 단계를 완료했다면 이 단계에서 특별한 문제는 발생하지 않을 것입니다. 문제가 있는 경우에는 다음과 같은 현상이 나타날 수 있습니다.

• W 앉기: 무릎을 구부린 채 두 발을 좌우로 벌리고 그 사이에 엉덩이를 대고 앉는 자세
• 발끝 걷기: 까치발로 걷는 아이들이 앉을 때도 W 자세인 경우가 많습니다.
• 심한 평발
• 18개월까지 걷지 않습니다.
• 앉은 자세에서 다른 자세로 넘어가지 못합니다. 이 아이들은 엉덩이로 바닥을 쿵쿵 찧는 방식으로 이동할 가능성이 높습니다.

움직임 발달에 도움이 되는 **심부 및 관절 압박 마사지**

근육 균형을 촉진하며 모든 연령에 가능한,
여러분도 아기도 좋아할 마사지

심부 압박 마사지

오른쪽 다리부터 시작합니다. 다리를 양손으로 잡
고 부드럽게 꼭꼭 눌러 줍니다. 손가락 끝으로 찌르
듯 누르지 않도록 주의하세요.

오른쪽 다리의 다른 부분으로 손을 옮깁니다. 같은
방식으로 발까지 내려가면서 꼭꼭 눌러 줍니다.

이 시기에는 5번 천천히 꼭 움켜쥐었다가 푸는 정
도면 충분합니다. 한 번에 다리 하나만 마사지합니
다. 사진 01, 02, 03

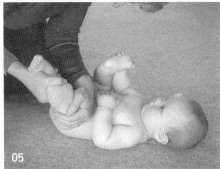

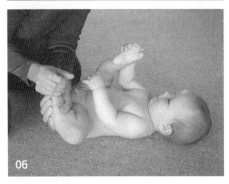

관절 압박 마사지

이제 관절 압박으로 넘어갑니다. 허벅지를 잡고 고관절을 눌러 줍니다.사진 04 다음에는 양손으로 무릎 위아래를 잡고 가운데로 모으면서 무릎 관절을 압박합니다.사진 05 마지막으로 종아리와 발을 잡고 양쪽에서 발목 관절을 압박합니다.사진 06 부드러운 압박이어야 합니다.

왼쪽 다리를 잡고 같은 순서로 마사지합니다.

이제 팔을 마사지합니다. 한쪽 팔을 두 손으로 잡고 부드럽게 꼭꼭 눌러 줍니다. 잡고 누를 때 아기가 좋아하는 모든 부위를 마사지해 줍니다. 사진 07, 08, 09

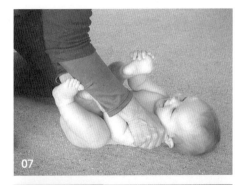

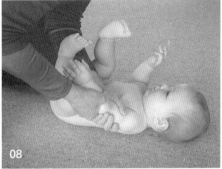

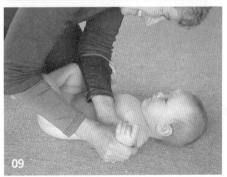

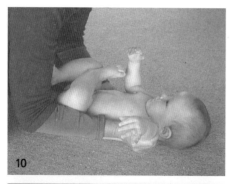

10

11

팔에서 관절을 압박할 때는 어깨, 팔꿈치, 그리고 손목 순서로 진행합니다. 사진 10, 11

가장 중요한 기준은 아기가 당신과 함께하는 이 특별한 시간을 좋아하는지입니다. 아기가 싫어한다면 당신이 너무 세게 밀거나 누르기 때문일 수 있습니다. 아기가 즐거워한다면 당신이 안전하게 잘하고 있다고 생각해도 됩니다.

아기가 좋아하는 경우에만 해 주세요. 마사지를 하는 동안 다른 자극은 아무것도 주지 않도록 노력하세요. 부드럽게 노래를 불러 주거나 말을 거는 것은 아기가 마사지에 집중하는 데 도움이 될 수도 있습니다. 다리를 마사지할 때는 괜찮았는데 팔로 옮겨가자 짜증을 낼 수도 있습니다. 그런 경우에는 팔 마사지는 다음으로 미룹니다.

아기가 팔이든 다리든 이 마사지를 좋아하지 않는다면 나중에 다시 시도해 보거나 더 살살 해 보세요.

괜찮지 않아요

엉덩이로 걸어요

아기가 엉덩이로 걸을 때는 이유가 있습니다.
그리고 이를 피할 수도 있습니다.

최근 몇 년 동안 손과 무릎으로 기지 않고, 앉은 채로 엉덩이를 움직여 이동하는 아이들의 수가 걱정할 만한 수준으로 늘어가고 있습니다. 이런 아이들이 너무 많기 때문에 정상 발달 범위에 속하는 변형 정도로 여기는 사람들도 많습니다.

엉덩이 걷기는 아기가 스스로 앉기 전에 자주 앉히지 않으면 일어나지 않습니다. 바닥에서 배나 등을 대고 누운 자세에서 이동하는 법을 배우기 전에 앉혀 놓았던 아기들에게서 자주 나타나는 형태의 움직임입니다.

크게 3가지 유형이 있습니다.

1. 대칭 움직임: 아기가 두 다리를 앞으로 뻗어 앉은 상태에서 고관절을
   바깥으로 벌리고 무릎을 구부린 자세로 전진합니다. 다리를 뻗으면서 두

발로 바닥을 눌렀다가 엉덩이를 들면서 다시 다리를 굽힙니다. 그러면서 몸을 앞으로 끌어당기는데 이 방법으로 아주 빠르게 이동하는 아기들도 있습니다.

2. 좌우 교대 움직임: 다리를 앞으로 뻗고 앉은 아기가 이번에는 몸통을 회전시켜 한쪽 골반을 앞으로 밀어내는 방식으로 전진 움직임의 동력을 만듭니다. 이 경우에는 좌우 엉덩이가 교대로 움직입니다.

3. 한 발을 엉덩이 밑에 깔고 앉아 한쪽 엉덩이로 전진합니다.

요즘에는 아기들 대부분이 스스로 준비되기 전에 앉은 자세로 생활하지만, 모두가 엉덩이로 걷는 것은 아닙니다. 올바른 근육 균형과 근육 톤, 신체 협응 발달에 어려움이 있어 온 아기들, 바닥에 누워 있기를 싫어한 아기들에게서만 나타나는 현상입니다. 이들은 여러 신체 축의 발달이 현저하게 부족합니다.(24~27쪽 참고) 앉은 자세를 훨씬 편하게 여기고, 그렇기 때문에 앉혀 주면 좋아합니다. 이런 경향성은 유전되는 경우가 많지만, 다운 증후군처럼 특별한 상태에서 기인할 수도 있습니다.

앉은 자세에서 균형을 잡는 능력은 스스로 앉을 수 있기 전에 진행된 모든 움직임 발달 과정에서 준비됩니다. 그러니까 아기들은 사실상 등을 바닥에 대고 누워 있는 시기부터 끊임없이 앉기를 연습하고 있는 셈입니다. 등으로 누워서 다리를 위로 올리는 동작, 혹은 옆구리가 바닥에 오도록 좌우로 구르기를 시작으로 배에서 등으로 자유롭게 몸을 뒤집는 동작까지 모든 형태의 구르기, 제자리에서 빙글빙글 돌기, 도마뱀 기기와 네 발 기기 동작 모두가 여기에 해당합니다. 쿠션 같은 것으로 등을 받쳐서 앉혀 놓거나, 앉은 자세에서 균형 잡기를 가르치는 모든 행동은 아기가 잘못된 방식으로 신체를 움직이게 만드는 결과를 낳습니다. 이로 인해 어떤 아기들은 타고난 어려움이 없는데도 운동 발달이 지체되기도 하고, 신체 좌우측을 교대로 움직이는 연습 과정을 통째로 놓치기도 합니다. 이 모든 지연과 소실은 이후 성장 과정에서 어려움의 원인으로 작용할 수 있습니다.

바닥에 눕거나 엎드려 있는 시기 동안 아기가 배우고 경험해야 할 모든 움직임과 자극을 제한하거나 지연시킨 기간이 길면 길수록 나중에 이 움직임들을 따라잡고 습득하기가 더 어려워집니다. 그러면 아이는 중간 과정을 생략한 채 곧바로 앉거나 일어서는 단계로 넘어가고 걷기에 돌입합니다.

아기들이 바닥에 누워서 움직임 발달을 하는 과정에서 원시 반사를 통제하는 능력을 획득한다는 사실도 명심해야 합니다. 원시 반사를 통합할 기회를 놓친 아기들은 한참 자란 뒤에도 여전히 원시 반사가 잔존한 방식으로 움직입니다. (99쪽 참조)

다시 한번 간곡히 당부합니다. 너무 빨리 앉히거나 앉은 자세를 촉진하지만 않으면 아기가 엉덩이 걷기를 배우는 일은 일어나지 않습니다.

원시 반사가 남아 있어요

생후 첫해의 움직임 발달을
올바로 이해하는 것이 중요한 이유

출생 직후부터 초기 몇 개월 동안 아기들의 움직임은 대부분 원시 반사를 동력으로 일어납니다. 원시 반사는 신생아에게 생존을 보장해 주는 수단입니다. 빨기 반사 덕분에 아기는 젖을 빨고 삼킬 수 있습니다. 구토 반사는 기도가 막히는 것을 막아 줍니다. 팔을 휘두르고 발길질을 하는 신생아의 대근육 움직임도 마찬가지로 원시 반사입니다.

자발적이고 질서 정연한 방식으로 움직이는 법을 배워 나가면서 아기는 점차 원시 반사를 억제해 나갑니다. 꿀꺽 삼키기 전에 씹는 법을 배우고, 장난감을 갖고 놀기 위해 두 손을 한데 모으는 법과 등으로 누워서 두 발을 들어 올리는 법을 배우는 과정이 바로 그것입니다. 이 자연스러운 과정은 특별히 가르치지 않아도 정상적으로 발달하는 아기들에게 저절로 일어납니다.

수의적이며 자연스러운 움직임이 잘 발달한 아기일수록 원시 반사를 잘 제어할 수 있습니다. 다른 말로 하자면 원시 반사를 두뇌 기능에 잘 통합할 수 있

99

습니다. 원시 반사는 사라지는 것이 아니라 항상 수면 아래 존재하다가 뜨거운 것에 닿거나 기도가 막히는 등의 응급 상황에 다시 발현합니다.

원시 반사 통합이 크게 어려운 아이들이 있습니다. 뇌성마비 아이들은 원시 반사를 적절하게 통제하는 법을 배울 힘이 없습니다. 이 경우에는 원시 반사가 너무 강하게 작용하기 때문에 정상적인 운동 발달을 방해합니다.

무난히 성장하고 있는 것처럼 보이지만 원시 반사 통합에 약간의 문제가 남아 있는 아기들의 비율도 상당히 높습니다. 이 경우엔 흔히 유치원이나 초등학교에 입학할 때까지 주변에서 이 문제를 인식하지 못합니다. 이 단계에서 일어나는 어려움은 언어나 집중력, 신체 협응, 자세 발달의 어려움이나 학습 장애, 행동 장애의 형태로 나타날 수 있습니다. 요즘에는 이런 어려움을 포괄적으로 지칭하기 위해 통합 운동 장애dyspraxia라는 용어를 사용합니다. 이 아이들은 영유아기에 근육 긴장도, 근육 균형 발달과 자연스러운 움직임 발달에 문제가 있었을 가능성이 높습니다.

통합 운동 장애의 다양한 원인을 밝히기 위해서는 앞으로 많은 연구가 필요하겠지만, 이 아이들은 원시 반사가 잘 통합되지 않았고 그로 인한 여러 영향이 있다는 증거는 현재도 존재합니다. 원시 반사 통합은 대부분 생후 9개월 동안 이루어집니다. 바로 아기가 바닥에 등이나 배를 대고 누운 자세로 움직이는 시기입니다.

아기가 순조롭게 성장했다면, 즉, 건너뛰는 단계 없이 모든 움직임을 올바른 순서로 거쳐 왔다면 도마뱀 기기를 할 때쯤이면 대부분의 반사가 통합되었을 것입니다. 하지만 근본적인 움직임 발달이 잘 이루어지지 않아 원시 반사를 적절하게 통합하지 못한 아이는 지금이나 나중에 어려움을 겪을 가능성이 높습니다.

이 책 앞부분에서 신생아의 발달 과정을 설명하면서 바닥에 배나 등을 대고 움직이는 여러 움직임을 이야기했습니다. 통합 운동 장애를 가진 아기들에게는 이 동작들이 매우 어렵습니다. 이런 동작을 시켜 보면 불편해하며 싫어하고, 앉혀 주기를 원하거나 아예 하루 종일 서 있으려 합니다. 어떤 식으로든 허리를 세운 자세를 좋아하는 것입니다. 이들은 중간 과정을 건너뛰고 네 발기기를 시작할 수 있습니다. 그보다 엉덩이 걷기로 장난감을 집으러 갈 가능성이 훨씬 높습니다. 주변에서 특별한 문제를 느끼지 못합니다. 그러다가 어느 날, 역시 중간 과정 없이 벌떡 일어나 걷기 시작합니다. 마찬가지로 별 문제 없이 잘 자라는 것처럼 보입니다. 하지만 시간이 지나면서, 이르면 유치원 시기에, 늦으면 초등학교에 들어가면서 문제가 드러나기 시작합니다.
그때 비로소 만나게 되는 여러 전문가는 '당연히' 아이가 영유아기에 건너뛴 단계들을 회복하기 위한 작업을 진행할 것입니다.

이 책에서 소개하는 영유아 발달 단계를 알고 있으면 첫돌 전까지 아기가 가장 자연스럽고 효율적으로 운동 발달을 완료하도록 도와줄 수 있습니다. 그러면 나중에 겪을 문제를 사전에 예방하거나 최소화해 줄 수 있습니다.

유아 용품 다시보기

시중에 나와 있는 유아 용품이 아기의 성장 발달에
방해가 되는 건 아닌지 잘 살펴보아야 합니다

유모차

이 책을 처음부터 차근차근 읽어 왔다면 지금쯤 아기를 유모차에 반듯하게 눕
히는 것이 왜 중요한지가 명확해졌을 것입니다. 이는 출생 직후부터 아기가 스
스로 일어나 앉을 때까지 시기 전체에 해당합니다. 유모차가 생후 6개월 아기
정도만 평평하게 누울 수 있는 크기라면 더 긴 것을 선택해야 합니다. 적어도 생
후 10개월까지는 아기가 편안하고 안전하게 뒤로 누울 수 있어야 합니다.

예전 유모차

필자의 동시대 사람들은 그 시절에는 아기
를 태운 유모차가 왕족의 행렬처럼 으리으
리해 보였다고 이야기할 것입니다. 그에 비
해 현대식 유모차는 아기를 짐짝처럼 밀고
다니는 수레로 보입니다.

예전에는 유모차에 용수철이 달려 있었습니다. 승차감을 부드럽게 해 주고, 길거리의 돌이나 경계를 넘어갈 때 충격을 완화해 주는 장치였습니다. 적어도 한 살까지는 완전히 뒤로 누울 수 있었습니다. 유모차가 아주 컸기 때문에 웬만큼 자라도 좁지 않았습니다. 편안히 잠잘 수 있는 구조였기 때문에 야외에 데리고 나와 바깥 바람을 쐬며 재우는 일도 흔했습니다. 10개월 무렵 스스로 일어나 앉을 수 있는 아기는 유모차에서 허리를 곧게 세우고 편안히 앉아 있었습니다. 시야를 가리거나 움직임을 제한하는 장치 없이 사방을 둘러볼 수 있었습니다. 엄마의 시야에 항상 아기가 들어오는 구조였고, 상호 작용하기도 쉬웠습니다.

다음 단계(10개월부터)로 넘어간 아기들은 바퀴 달린 의자 모양의 유모차를 탔습니다. 이들은 등을 똑바로 세우고 앉아 두 발은 받침대 위에 올리고 손은 앞에 있는 안전 막대를 잡았습니다. 이 유모차에서 아기는 주변 세상에 온전히 참여할 수 있었습니다. 흥미로운 사물이나 사람을 따라 원하는 대로 몸을 돌리는 데 아무 어려움이 없었습니다. 아기들은 의자를 밀어 주는 사람(주로 엄마)과도 자유롭게 상호 작용할 수 있었습니다.

시대가 바뀌면서

엄마들이 집에서 하루 종일 아이를 키우고 가사를 돌보는 대신 직장을 갖고 출근하기 시작했습니다. 어린 자녀들은 어린이집이나 유치원에 가고, 자동차가 주요 교통수단이 되었습니다. 영유아기 교육이 가정 바깥 영역으로 이동했습니다. 생활은 바쁘고 복잡해졌고, 아이들은 이곳저곳에 맡겨졌습니다.

옛날식 유모차는 자동차에 싣고 다니기에 적합하지 않기 때문에, 휴대하기 쉬운 현대식 유모차가 아기들의 이동 수단으로 등장했습니다.

지금도 골동품 가게 진열대나 신문을 배달하는 사람들에게서 옛날식 유모차를 간간이 만날 수 있지만 원래 목적대로 아기를 태우고 다니는 경우는 거의 없습니다.

현대식 유모차

현대식 유모차는 부모들의 편의를 우선시한 디자인입니다. 부모의 편의도 당연히 중요한 문제지만 아기들에게 적합한지도 한번쯤 생각해 보아야 합니다.

현대식 유모차에서 아쉬운 점

① 뒤로 완전히 눕힐 수 있는 형태의 유모차도 간혹 나오지만, 최대 생후 6개월용이고 그마저도 크기가 충분하지 않습니다.

② 자기 힘으로 똑바로 앉을 수 있게 된 아기도 비스듬히 누워서 많은 시간을 보내게 됩니다.(다리를 받침대에 높이 올려 받치는 구조도 한몫을 합니다)

  - 반쯤 누운 자세로 많은 시간을 보내면 자세를 유지하는 근육이 발달하기 어렵습니다. 어떤 아기들을 보면 허리와 어깨를 축 늘어뜨리고 등을 공처럼 말고 앉아 유모차가 움직이는 대로 이리저리 부딪치기도 합니다. 이런 아이들을 보면 어른이 되었을 때 척추 질환에 시달리지 않을까 걱정이 됩니다. 성인인 우리도 척

추 질환을 예방하기 위해 반듯한 자세로 허리를 세우고 앉아야
한다는 말을 듣습니다. 요추를 보호하기 위해 허리 지지대를 사
용하기도 합니다. 그런데 신체가 아직 여물지 않은 연약한 아기
들에 대해서는 이런 문제를 고려하지 않는 것처럼 보입니다.

- 등을 비스듬히 기댄 상태에서는 아기가 불편해도 자세를 고쳐
  앉을 수가 없습니다.
- 한쪽으로 기울어진 자세로 앉아 있는 경우가 많습니다.
- 아이가 이런 자세로 잠이 들면 어떻게 될까요? 여러분의 경험을
  떠올려 보세요. 비행기 의자에 앉아서 잠을 청했을 때와 침대에
  다리를 쭉 펴고 누워서 잤을 때를 비교해 보세요. 잠이 들기도
  쉽지 않지만 어렵사리 눈을 붙였다 해도 일어나면 여기저기 결리
  고 뻐근하지 않았나요? 저라면 푹신한 의자에 등을 기대고 자
  느니 차라리 딱딱한 바닥에 누워 자는 편을 택하겠습니다
- 두뇌가 원활하게 활동하기 위해서는 아기가 등을 똑바로 세우
  고 있어야 합니다. 비스듬히 누운 자세에서는 의식이 완전히 깨
  어나지 않습니다.(80~82쪽 사진의 아기는 이런 의미에서 깨어
  난 상태입니다. 아기들의 두뇌는 배울 준비가 되어 있습니다) 뒤
  로 반쯤 누운 상태에서는 수동적입니다. 누워서 빈둥거리는 것
  말고는 아무것도 할 수가 없습니다.
- 비스듬하게 누웠을 때 아기는 정면밖에 보지 못합니다. 몸을 돌
  릴 수 없을 뿐만 아니라 유모차의 구조 때문에 좌우 시야가 차
  단됩니다.

뒤로 반쯤 누운 자세는 모든 연령의 유아와 어린이에게 '전혀' 득이 되지 않습니다. 꼭 필요한 경우가 아니면 최대한 피하는 것이 좋습니다.

③ 아기가 부모, 양육자와 분리된 채 앞만 보고 갑니다.
  - 둘 사이에 아무런 대화나 상호 작용이 없습니다.
  - 어른의 시야에 아기가 들어와 있지 않습니다. 햇빛이 정면에서 비쳐 눈이 부신지, 아기가 숨이 막히거나 벌레가 귀찮게 하는지 알아차릴 수가 없습니다.
  요람형 유모차나 유아용 유모차를 막론하고 아기가 비나 바람, 햇빛 같은 외부 요소에서 안전하게 보호되고 있는지 항상 확인해야 합니다.

졸리 점퍼(점퍼루)

이 기구는 근육 불균형을 초래합니다. 스스로 준비되기 전에 앉혀 놓기 때문입니다. 발로 바닥을 미는 동작을 유도하기 때문에 근육 불균형 상태가 악화됩니다. 발 모양이 변형될 수도 있습니다.

근육 균형 발달에 어려움이 많은 아기들이 이 기구를 더 좋아합니다. 발로 바닥을 차면서 방방 뛰는 동작은 지금도 과로하고 있는 근육을 혹사시킬 뿐입니다. 그 결과 근육 불균형이 가중됩니다. 제발 사용하지 마세요.

모빌 매트

플레이짐이라고도 부르는 이 기구는 아기가 머리 위에 매달린 장난감에 손을 뻗어 잡고 놀 수 있는 구조입니다. 하지만 대부분 그 시기 아기가 손으로 잡고 조작하기에 너무 큰 것들입니다. 어렵사리 손으로 잡는 데 성공해도 원하는 대로 입이나 몸 쪽으로 가지고 올 수 없습니다.

그래서 어떤 아기들은 몸을 굴려 옆구리를 바닥에 댄 자세로 모빌 틀 자체를 잡아당겨 장난감을 갖고 놀기도 합니다. 혹은 장난감을 툭툭 치면서 움직이게 하며 노는 방법을 터득하기도 합니다. 불행히도 이는 다리를 뻗고 차는 움직임과 등을 활처럼 휘게 만드는 자세를 유도하고, 그 결과 근육 불균형을 야기하거나 악화시킵니다.

이뿐만 아니라 모빌을 매단 지지대 때문에 구르기를 시작하는 단계에서 옆구리나 배가 바닥에 닿도록 몸을 뒤집을 수가 없습니다.

바운서

바운서는 아기를 바닥보다 약간 높은 곳에서 등을 기대고 비스듬히 앉게 만듭니다. 이 의자에 누워 있을 때 아기는 굴근을 키울 수 없다는 사실을 명심하세요.('굽힘근과 폄근의 조절' 참고)

카시트

차를 타고 이동할 때만 사용하세요. 집 안에서나 차를 타지 않고 동네를 다닐 때 부모의 편의를 위해 카시트에 아이를 앉혀 두지 마세요. 아기가 정상 발달을 위한 올바른 자세를 취할 수 없게 됩니다.

아기용 그네

혼자 앉는 단계에 도달한 아기에게는 아주 좋습니다. 사 주고 싶더라도 부디 그때까지 참을성을 갖고 기다려 주세요.

유아용 식탁 의자

혼자 앉을 수 있는 아기는 허리를 똑바로 세울 수 있도록 유아용 식탁 의자에 앉혀 주어야 합니다. 아직 혼자 앉지 못하는 아기에게 이유식을 먹일 때는 등받이 각도를 조절할 수 있는 의자를 이용하는 것이 좋습니다. 혼자 앉지 못하는 어린 아기에게 이유식을 먹이기 위해 유아용 식탁 의자에 앉혔다면 밥을 다 먹는 즉시 의자에서 꺼내어 바닥에 내려놓아야 합니다.

보행기

신문이나 기사를 보면 보행기로 인한 안전사고가 적지 않습니다. 이 문제와 별개로 보행기는 아기의 건강한 발달에 해가 됩니다. 다른 기구와 마찬가지로 스스로 해당 근육을 사용할 수 있기 한참 전에 앉거나 발로 미는 동작을 유도하기 때문입니다. 이런 동작은 아기에게 근육 균형과 관계된 발달 장애를 초래할 위험이 있습니다.

쏘서

몇 년 전부터 쏘서가 보행기 대체품으로 인기를 끌고 있습니다. 이 책을 읽은 분들은 이해하시겠지만, 이는 불필요할 뿐 아니라 아기의 근육 균형에 심각한 손상을 입힐 수 있는 기구입니다.

유아용 러닝머신

예, 이런 게 존재합니다. 직접은 아니고 사진으로만 보았습니다. 이런 물건이 아기에게 필요한 이유를 단 하나도 떠올릴 수가 없습니다. 준비되기 전에 걷기를 독려할 필요가 전혀 없기 때문입니다.

걸음마 보조기

아기가 가구를 잡고 걷기 시작하면 걷기 연습을 도와줄 생각으로 이런 기구를 사 주기도 합니다. 수레를 밀면서 걸음마 하는 아기가 대견해 보일 수 있겠지만 사실은 아기의 모든 약점을 가중시킬 뿐입니다. 발끝 걷기(까치발)나 발끝을 안으로 모은 안짱발 걷기 습관을 만들거나 골반이 틀어지게 만들 수 있습니다. 이런 습관이 한 번 자리 잡으면 되돌리기가 매우 어려우며, 그 여파가 오랜 세월 지속될 수 있습니다.

유아용 타고 노는 자동차

장난감 자체는 괜찮습니다. 단, 아기가 혼자서 타고 내릴 수 있을 때까지 기다려 주세요. 이 단계의 아기는 충분한 균형 상태에 이르렀기 때문에 괜찮습니다. 그때는 이 장난감을 탄다고 근육 불균형이 생길 위험이 별로 없습니다. 아기가 자동차를 발로 밀며 뒤로만 간다면 아직 준비되지 않았다는 의미이니 태우지 않아야 합니다.

아기 띠

아기 띠를 이용해 앞으로 안고 다니는 것을 좋아하는 부모들이 많습니다. 아기가 신체 접촉을 좋아하고, 부모가 아기를 안은 채 요리를 하고 빨래를 너는 경우에 특히 그렇습니다. 하지만 이 자세는 아기를 안정적으로 지지해 주지 않을 뿐 아니라, 허리를 세우고 매달린 자세가 연약한 아기의 척추와 척추 디스크에 많은 부담을 줍니다. 아기에게 안정감을 주기 위해 부모들은 아기 띠를 하고도 자동으로 손으로 받치지만 그것으로 충분하지 않습니다. 가능하면 아기 엉덩이를 받치고 양육자의 어깨에 기대게 한 자세로 안고, 남은 한 손으로 일을 보는 것이 좋습니다.

슬링

슬링을 이용해서 안고 다니는 것은 어떠냐는 질문도 자주 받습니다. 다른 문화권의 엄마들이 아기를 안거나 업은 채로 일하는 풍습과 비교하기도 합니다. 아기가 혼자 놀도록 바닥에 내려놓기에 위험한 상황이거나, 다른 이유로 아기를 안고 있어야 할 때는 슬링이 좋은 대안이라고 생각합니다. 하지만 아기들은 바닥에 누운 자세에서 배워야 할 것이 아주 많다는 사실을 잊지 마세요.

아기 업는 배낭

어떤 부모들은 아기를 등에 메고 다니는 것을 좋아합니다. 생후 9~10개월 무렵까지는 아기가 스스로 앉지 못한다는 것과 그래서 그 전에 아이를 앉히는 것을 권하지 않는다는 사실을 기억해 주세요. 게다가 이 나이가 지나면 아기가 무거워져서 오랫동안 메고 다니기 어렵습니다.

아기 울타리

나무로 된 옛날식 아기 울타리는 가끔 유용한 역할을 할 수 있습니다. 손위 형제들과 떨어져 아기 혼자 안전하게 기어 다니며 노는 공간이 필요할 수 있습니다. 바닥 난방이 안 되는 경우라면 나무로 바닥을 깐 울타리 안에서 아기가 냉기 걱정 없이 놀 수 있습니다. 잠깐 동안은 안전한 울타리 안에 아기를 혼자 두고 볼일을 보고 올 수도 있습니다. 그새 혼자 기어 다니다 화분을 깰 걱정도 없습니다. 울타리 안에서 아기가 답답해하지 않을까 걱정하는 부모도 있습니다. 제 경험에 따르면 어려서부터 놀아 버릇하면 자기만의 공간을 좋아합니다. 그렇다고 온종일 그 안에 넣어 두라는 것은 아닙니다. 어른이 곁에 있을 때는 자유롭게 집안 구석구석을 탐색하게 해 주어야 합니다.

유아용 침대나 요람

아기는 베개 없이 탄탄한 매트리스에 등을 대고 잠을 자야 합니다.

※모든 장비는 안전 규정에 따라 제작한 것이어야 합니다.

맺는 글

이 책에서는 아기들이 생후 첫해에 거치는 이상적인 운동 발달 과정을 개략적으로 설명하고 있습니다. 4가지 신체 축을 이용한 움직임 발달과 올바른 근육 균형, 모든 원시 반사의 안정적 통합이 가장 잘 이루어질 수 있도록, 그래서 나중에 어려움을 겪지 않도록 우리가 해 줄 수 있는 것과 피해야 할 몇 가지 간단한 원칙도 제안합니다.

양육자들이 이 책에서 새로 알게 된 지식을 쉽게 실천에 옮기기 어려울 수 있다는 것을 이해합니다. 이 책에 수록한 정보를 한 번도 들어본 적 없는 경우도 있을 것이고, 일부 사안에 이견이 있거나, 동의해도 실천하기 어려운 상황이 있을 것입니다. 하지만 이 책의 제안을 따른다면 아기가 가진 최고의 잠재력을 끌어내 줄 수 있을 것입니다.

단, 이 책은 일반적인 발달 과정에 속한 아동의 양육자를 위한 것으로, 진단이나 치료 도구로 사용할 수 없습니다.

4판인 이번 책을 내면서는 '유아 용품 다시보기' 본문 일부를 수정했습니다. 이전 판에서도 영아용 유모차와 유아용 유모차를 언급했지만, 4판에서는 이 문제를 널리 알리고 더 많은 변화를 독려하고자 설명을 추가하고 주요 사항을 강조했습니다.

최근에는 인터넷과 이메일 사용이 보편화되면서 전 세계 여러 나라 사람들에게서 이 책에 대한 의견과 감사 인사를 받고 있습니다. 모든 말씀이 제게 힘과 영감을 주며, 이 책을 살아 있게 하는 동력이 됩니다.

<Babymoves>는 영유아 발달에 적합한 유아 용품을 소개하고 개발하는 노력에 동참합니다. 최신 소식은 당사 웹사이트 www.babymoves.co.nz에서 공유할 수 있습니다.

참고 문헌

『영유아의 뇌성마비 운동 장애Die zerebrale Bewegungsstörungen im Säuglingsalter』
바츨라프 보이타 (1988, 5쇄, Stuttgart, Enke)

『저에게 시간을 주세요Lässt mir Zeit』
에미 피클러 (1997, Pflaum Verlag)

『생후 첫해 운동 능력 습득Motor Skills' Acquisition in the First Year』
로이스 블라이 (1994, Therapy Skill Builders)

『우리가 그때 알았더라면If Only We'd Known』
마거릿 사세 (1997, Toddler Kindy GymbaROO)

『아이의 마음으로 들어가는 교사의 창문A Teacher's Window into a Child's Mind』
샐리 고다드 (Fern Ridge Press)

한국어 판을 내며

2003년에 원고를 쓰고 출판할 때만 해도 저는 이 작은 책이 이렇게까지 세계 각지로 퍼져 나갈 거라고는 꿈도 꾸지 못했습니다. 지금까지 20년 넘는 세월 동안 수천 명의 아기와 부모/양육자가 이 책에 담긴 정보로 건강한 양육의 방향을 찾고 있습니다.

이 책이 한국어로 번역되어 한국의 독자들을 만나게 되었다는 소식에 정말 기쁘고 감사합니다. 도움수업으로 아이들을 만나고 있는 사람이 번역한 책이니 한국의 부모들이 내용을 온전히 이해하고 아기들의 성장 발달을 적절히 도와줄 수 있도록 잘 사용되리라 믿습니다.

이 책을 번역자에게 소개해 준 나의 동료이자 친한 벗인 인건 슈나이더에게 감사를 전하고 싶습니다. 공들여 출판하는 것으로 이 일에 동참해 주신 푸른씨앗 출판사에도 감사를 전합니다.

2023년 11월 넬슨에서
마리안 헤름센-판 완로이

함께 읽으면 좋은 ——

푸른씨앗 **책**

오드리 맥앨런의 도움수업 이해

욥 에켄붐 지음 | **하주현** 옮김

 학습에 어려움을 겪는 아이들을 돕는
일에 평생을 바친 영국의 발도르프 교
사 오드리 맥앨런이 펴낸 「도움수업」의
개념 이해를 돕는 책. 도움수업의 토대
가 되는 인지학의 개념을 소개하고 저
자의 수업 경험을 함께 담았다.

150×193 | 334쪽 | 25,000원
e북

"도움수업 교사는 현대 과학의 연구 성과도
계속 공부하고 익혀야 한다. 생후 첫 7년의 발달,
신경학 연구와 움직임 발달, 영유아기 운동
발달, 중심선 통합과 우세성 발달은 특히 중요한
주제들이다. 도움수업 교사는 과학자들이
이 분야에서 쌓은 연구 성과와 통찰을 전적으로
존중하며 귀 기울여야 한다.
동시에 인지학을 공부하는 사람으로서
도움수업 교사는 이처럼 겉으로 드러난
사실, 감각 현상 이면에 숨겨진 정신 법칙을
공부해야 한다. 그럴 때만 신체와 영혼, 정신을
모두 고려하며 온전한 존재로 아이를
도울 수 있기 때문이다."

본문 중 <도입>에서

12감각_ 루돌프 슈타이너의 인지학 입문
알베르트 수스만 강의 | **서유경** 옮김

 인간의 감각을 신체, 영혼, 정신 감각으로 나누고 12감각으로 분류한 루돌프 슈타이너의 감각론을 네덜란드 의사인 알베르트 수스만이 쉽게 설명한 6일 간의 강의. 감각을 건강하게 발달시키지 못한 오늘날 아이들과 알 수 없는 고통과 어려움에 시달리는 어른들을 위한 해답을 찾을 수 있다.

150×193 | 392쪽 | 28,000원
e북

인생의 씨실과 날실
베티 스텔리 지음 | **하주현** 옮김

 너의 참모습이 아닌 다른 존재가 되려고 애쓰지 마라. 한 인간의 개성을 구성하는 요소인 4가지 기질, 영혼 특성, 영혼 원형을 이해하고 인생 주기에서 나만의 문명으로 직조하는 방법을 모색해본다. 미국 발도르프 교육 기관에서 30년 넘게 아이들을 만나 온 저자의 베스트셀러

150×193 | 336쪽 | 25,000원

발도르프 킨더가르텐의 봄여름가을겨울
이미애 지음

 17년간 발도르프 유아 교육 기관을 운영해 온 저자가 '발도르프 킨더가르텐'의 사계절을 생생한 사진과 함께 엮어 냈다. 한국의 자연과 리듬에 맞는 동화와 라이겐(리듬적인 놀이) 시, 모둠 놀이, 습식 수채화, 손동작, 아이들과 함께 하는 성탄 동극 등을 자세히 소개하며 관련 자료도 풍부하게 실었다.(악보 47개 수록)

150×220 | 248쪽 | 18,000원

마음에 힘을 주는 치유동화_ 만들기와 들려주기
수잔 페로우 지음 | **하주현** 옮김

 '문제' 행동을 '바람직한' 행동으로 변형시키는 이야기의 힘. 골치 아픈 행동을 하는 아이들에서부터 이사, 이혼, 죽음까지 특정한 상황에 놓여 있는 아이들에게 논리적인 설득이나 무서운 훈육보다 이야기의 힘이 더 강력하다. 이야기를 만드는 방법과 들려주기 연습을 소개한다.

150×220 | 424쪽 | 20,000원
e북

옮긴이 **하주현**

[도서출판 푸른씨앗]의 번역기획팀장이며, 발도르프학교 도움수업 교사로 일하면서
WLS(www.waldorflearningsupport.org)와 함께 발도르프 도움수업 교사 양성 과정을
진행하고 있다. (한국 발도르프 도움수업 연구회 welg.korea@gmail.com)

주요 번역서_ 『청소년을 위한 발도르프학교의 문학 수업』,
　　　　　　『발도르프학교의 수학』, 『발도르프학교의 연극 수업』,
　　　　　　『배우, 말하기, 자유』, 『인생의 씨실과 날실』, 『오드리 맥앨런의 도움수업 이해』,
　　　　　　『TV 문제로 아이와 싸우지 않는 훈육법』 등